독일어 화용개요 I

독일어 소리

Die Laute der deutschen Sprache

여종문 저

신아사

이 저서는 2010년도 전북대학교 저술장려연구비지원에 의하여 연구되었음.

머리말

'독일어 화용개요 I-독일어 소리'는 독일어 언어소리에 대한 지식과 그 활용에 관한 논의를 위한 내용을 중심으로 구성되어 있다. 이는 언어소리에 대한 일반지식과 독일어 소리와 음절에 대한 지식확대는 물론 독일어권에서 사용되는 언어소리실행을 위한 확신을 갖게 해 줄 것이다. 특히, 독일어 소리와 음절이 소리표기문자와 어떻게 연계되고 사용되는지에 대한 논의는 독일어 문자를 통해 독일어 소리를 재생해야하는 독자에게 독일어 소리생성에 대한 감각과 이를 사용할 수 있는 자신감을 줄 것이다. 독일어를 이용한 의사소통과 정보전달을 원하는 독자들이 독일어 소리와 친숙해지고 그 생성 및 활용능력을 배양하기 위한 동반자가 되기를 그리고 이를 기반으로 음성-음운론적인 담론과 언어화용에 대한 담론의 기초가 되기를 원한다.

2012년 8월

저자 여종문

목차

2 독일어 소리와 표기문자

3 독일어 음절

4 독일어 억양

1

언어소리 생성

1.1 언어소리의 조음

입말을 형성하는 언어소리는 공기가 허파로 들어가면서 생성되기도 하지만, 대부분 허파로 들어간 공기가 기류를 형성하여 입이나 코를 통해 다시 나오면서 생성된다.

독일 언어에 나타나는 소리는 허파에 들어간 공기가 밖으로 나오면서 소리를 내는 형태를 취한다. 이때 성대를 움직이면서 나는 소리를 유성음 그렇지 않은 소리를 무성음이라 한다.

우리의 발음기관은 움직이지 않는 발음기관(조음위치, 예 : 윗니, 윗잇몸, 경구개, 연구개 등)과 움직이는 발음기관(조음기관, 예 : 입술, 혀, 턱, 목젖 등)으로 구분할 수 있다. 소리를 생성하기 위해 입안에서 움직이는 발음기관(혀)의 활동정도와 혀의 어느 부분이 움직이지 않는 발음기관의 어디와 연관을 갖느냐에 따라 언어의 소리들은 특성을 갖는다. 그리고 턱이 어느 정도 아래로 내려지느냐에 따라 입술이 어느 모양을 하느냐에 따라 각각 다른 소리특성을 갖는다.

조음위치 Artikulationsstelle

조음위치는 움직이는 발음기관인 조음기관을 통해 입을 통해 나오는 기류가 방해를 받게 되는 위치로 이해하면 된다. 혀를 위로 향해 앞으로 내밀어 윗입술에 대고 뒤쪽으로 천천히 이동하면 조음위치를 느낄 수 있다. 윗입술을 시작으로 앞니, 앞니 바로 뒤쪽의 볼록한 잇몸(치조/치경), 바로 이어 입천장의 딱딱한 구개(경구개 : 앞, 중간, 뒤), 혀를 뒤로 더 이동하면 딱딱한 부분이 끝나고 주름살이 느껴지는 부드러운 구개부분(연구개)을 느낄 수 있다. 그리고 혀로는 느낄 수 없지만 입을 크게 벌리고 거울을 보면 연구개 끝에 달려 있는 목젖과 이보다 더 깊은 곳에 위치한 목구멍과 턱 아래쪽 목의 윗부분을 만져보면 느낄 수 있는 후두가 조음위치에 해당한다. 이들 중 윗입술과 연구개의 끝부분 그리고 목젖을 제외하고는 움직임이 없는 구강기관들이다

입말을 형성하는 언어소리는 이런 조음위치에 따라 명칭이 정해지는데, 이 명칭에는 소리의 특징이 내포되어 있다. 우선 언어소리는 조음위치에 소리(음)를 붙여 아래와 같이 기술된다.

조음위치	윗입술	윗앞니	치조/치경	경구개	연구개	목젖	후두
소리명칭	순음	치음	치조/치경음	경구개음	연구개음	목젖음	후두음

조음기관 Artikulationsorgan

조음기관은 입안에서 움직이는 구강기관으로 이해할 수 있다. 우리는 조음기관을 조음위치에 접촉하거나 좁히거나 막는 행위과정을 통해 언어소리의 특성을 결정짓는다. 우리가 언어소리 생성을 위해 사용하는 중요한 조음기관은 입술과 혀 그리고 목청이다.

언어에는 몇몇의 특정한 소리들이 다른 소리들보다 많이 나타나는데, 이는 우리의 조음구조와 연관이 있다. 조음기관들은 구강구조상 모든 위치에 근접, 접촉 및 폐쇄를 통해 소리생성을 위한 발음기류를 조절할 수는 없다. 예를 들어, 아랫입술을 윗입술 또는 윗앞니와 접촉하여 좁은 공간을 형성하거나 차단하여 공기의 흐름을 조절할 수 있지만, 입술을 앞니의 뒷잇몸(치조)이나 입천장에 접촉시켜 언어소리를 생성할 수는 없다. 또한 조음역할이 다양한 혀는 움직일 수 있는 영역 안에서 거의 모든 조음위치와 접촉 또는 좁은 공간을 형성하여 소리생성을 조정하지만, 혀 앞부분과 연구개와의 접촉을 통한 언어소리생성은

불가능하다. 이렇듯 신체구조와 조음을 위한 기관의 연관성은 특정한 소리생성을 쉽게 하는 한편, 어떤 소리생성을 제한하기도 한다.

이 조음기관 중에서 어느 조음기관이 소리생성을 위해 관여하는지에 따라 소리의 명칭이 정해지고 이는 언어소리의 특성을 나타낸다. 특히, 혀의 어느 부위가 소리생성에 관여하는지에 따라 많은 소리의 특성이 결정되는데, 이 관계는 다음과 같다.

조음기관	아랫입술	혀끝	혀앞면	혀측면	혓등(전-중-후)	목젖
소리명칭	순음	설첨음	설전음	설측음	(전-중-후)설배음	목젖음

입말에 사용되는 언어소리는 조음기관의 명칭에 소리(음)를 붙여 기술된다. 따라서 우리가 조음위치와 조음기관을 연속으로 표시하고 이에 소리(음)를 붙여 명명하면 언어소리를 좀 더 구체적으로 기술할 수 있게 된다. 조음위치-조음기관의 관계와 이에 따른 소리명칭의 관계는 아래와 같다.

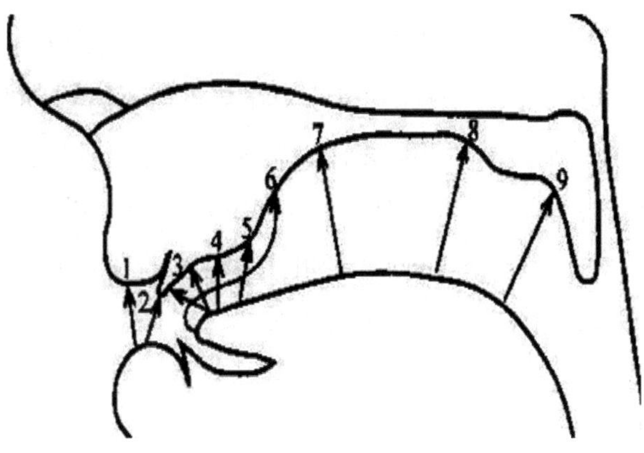

	조음위치	소리명칭		조음기관		소리 예
1	윗 입술	순음	순음	아랫입술	a	(1-a) 양순음 (2-a) 치순음
2	윗 앞니	치음	설첨음	혀 끝	b	
3	치조/치경	치조/치경음	설전음	혀 앞면	c	
7	경구개	경구개음	설측음	혀 측면	d	
8	연구개	연구개음	설배음	혀 등	e	
9	목젖	목젖음	목청	목청	f	

위 표를 중심으로 우리는 입말에서 사용하는 소리의 명칭을 부여한다. 예를 들어 조음위치의 1과 조음기관의 a, 즉 아랫입술이 윗입술과 함께 내는 소리, 즉 양 입술이 내는 소리이기 때문에 '양순음'이라 한다. 조음위치 2와 조음기관의 a, 즉 윗앞니와 아랫입술에 의해 나는 소리를 '치순음'이라 한다. 이런 소리명칭은 조음위치와 조음기관의 협동구조와 연관되지만, 기술관점에 따라 소리명칭들이 조음위치나 조음기관 중 하나에만 따른 명칭선택이 이루어지기도 한다. 이는 개인의 조음습관에 따라 조음기관의 합성을 뚜렷하게 기술할 수 없기 때문으로 이해할 수 있다. 예를 들어, '치조/치경-설(첨/전)음'의 경우, 조음위치인 치조와의 공조기관인 혀의 끝이나 혀의 앞면을 이용한 조음이 가능하기 때문에, 조음위치를 중심으로 '치조/치경음'이라 한다. 특히, 변화가 다양한 혀를 통해 생성되는 언어소리인 모음소리의 경우는 혀의 조음위치에 따른 소리명칭이 주어지는 반면 자음소리들은 조음위치를 중심으로 기술되는 경향을 보인다.

조음방법^Artikulationsmodus

조음방법은 어떤 조음위치에서 어떤 조음기관이 언어소리를 어떻게 생성하는지에 대한 방법을 말하는데, 이를 통해 생성된 언어소리의 특성이 규정된다. 조음방법을 통해 같은 조음위치와 조음기관이 연관되어 생성되는 소리도 전혀 다른 특성을 가질 수 있다. 예를 들어, 우리가 조음기관인 아랫입술이 조음위치인 윗입술과 함께 소리를 내면, 이 소리는 '양순음'이다, 하지만 이 소리는 어떻게 소리를 생성하느냐, 즉 조음방법에 따라 '(양순)비음'은 물론 '(양순)파열음'이 될 수도 있다. 따라서 조음하는 방법을 구분하는 것은 언어소리생성의 특성을 파악하는 것은 물론 언어소리 중 자음기술을 위해 특별한 의미를 갖는다. 자음의 명칭은 기술관점에 따라 차이는 있지만, 조음위치-조음기관-조음방법의 연관관계를 통해 부여된다.

조음방법은 일반적으로 구강열기, 비강열기, 구-비강 열기, 좁히기, 측면 좁히기, 차단/폐쇄하기, 차단/폐쇄-열림 반복하기를 통해 구분된다.

a. 구강열기

입을 열어서 소리를 형성을 위한 기류가 공명체 역할을 하는 입안에서 아무런 방해 없이 통과할 수 있게 한다. 따라서 다른 소리와 혼합 없이 소리가 생성된다. 이때 연구개 뒷부분과 여기에 연결된 목젖이 올라가고 이를 통해 기류가 비강으로 흐르는 것을 막는다. 이렇게 내는 소리를 구강공명음이라 한다.

b. 비강열기

연구개 뒷부분과 여기에 연결된 목젖을 함께 내려, 이를 통해 기류가 구강으로 흐르는 것을 차단한다. 이때 소리형성을 위한 기류가 비강에서 공명하면서 나는 소리를 콧소리 또는 비(강)음이라 한다.

c. 비-구강 동시열기

기류가 구강으로 흐르는 것을 차단하는 상태에서 연구개 뒷부분과 여기에 연결된 목젖이 약간 오르면서 구강으로의 기류흐름을 허용하여 비강과 구강에서의 동시공명을 유도한다. 이를 통해 나는 소리를 동시공명음이라 한다.

d. 좁히기

조음기관을 조음위치로 이동하여 소리생성을 위한 기류통과영역을 좁게 하는 방법인데, 이를 통해 마찰음[Frikativ]이 생성된다. 이 경우 소리의 강도는 통과기류의 강약정도와 좁음의 정도에 따라 결정된다.

e. 측면 좁히기

치조/치경(윗앞니뒤 잇몸)과 경구개의 경계점 중앙에 혀를 쭉 편 기분으로 혀의 끝을 포함한 혀 앞부분을 접촉하여 윗부분을 폐쇄한다. 이때 혀의 한쪽이나 양쪽을 통해 어금니가 있는 부분으로 기류가 빠져나가면서 측음이 생성된다.

f. 차단/폐쇄하기

조음기관을 특정한 조음위치에서 소리를 생성하는 기류를 차단/폐쇄했다가 다시 통과시켜, 막혔던 부분이 열리면서 폭발하는 것과 같은 (폐쇄)파열음이 생성된다. 이 소리들의 강도는 폐쇄정도와 통과하는 기류의 압력에 의해 좌우된다.

g. 차단/폐쇄-열림 반복하기

소리생성을 위한 기류의 차단과 열림을 반복하는 과정을 통해서 소리가 생성되도록 한다. 차단-열림 과정에서 조음기관의 기류통과영역이 좁아지는 변화를 통해 마찰음이 생성될 수도 있기 때문에 반복정도가 이런 소리의 특성을 결정짓는 기준이 된다. 특히, 조음기관인 혀끝이 치조영역에서 그리고 연구개 또는 목젖에서 조음되는 특징을 갖는다.

조음특성과 변이형태

언어소리는 조음위치과 조음기관 그리고 조음방법간의 상관관계 안에서 형성된다. 따라서 특정한 언어소리는 조음위치-기관-방법, 즉 언어에 사용되는 소리가 어느 위치에서 어떤 발음기관과 어떤 방법으로 생성된 소리인지 또 이 소리가 어떤 의미를 갖는지를 규정하는 중요한 요소들이다. 모든 입말소리 조음은 개인의 조음습관에 따라 조음위치-조음기관-조음방법에 따른 여러 가지 조합형태와 변이형을 보인다. 특히, 조음변이형태가 지역-사회적인 연관성을 가질 때 방언이라 표현한다. 하지만, 이는 경험상 이해할 수 있는 어휘와 문장범위의 틀 안에 머무는 경우가 대부분이다. 한 언어의 조합특성과 이에 따른 변이형태를 이해하는 것은 입말언어의 특성을 파악하는 중요한 요소들이다. 또한 어떤 소리들이 어떤 변이형으로 나타나는지에 대한 이해와 어떤 소리들이 어떤 소리 및 어떤 변이형과 함께 나타나는지에 대한 지식은 입말언어 활용능력과 직결된다.

독일어를 배우는 과정에서는 독일어 조음(위치-기관-방법)에 따른 조합특성과 이들의 변이형을 이해하고, 이에 준한 조음연습을 해야 한다. 특히, 우리말을 통해 체화된 우리말 소리조합특성에서 벗어나, 독일어 입말에 나타나는 소리들의 조음위치와 기관 및 조음방법을 이해하고 이들의 조합특성을 반복연습을 통해 체화할 필요가 있다. 이를 간과하고 우리언어 또는 이미 습득한 다른 언어의 조음특성을 기반으로 구사한 독일어는 또 다른 외국어로 들릴 수 있다.

1.2 언어소리의 종류

언어소리분류

입말에서의 언어소리는 – 위의 조음방법 a–c과 d–g에서 관찰할 수 있듯 – 조음방법에 따라 분류가 가능하다. 우리는 a–c의 조음방법에 의해 형성되는 소리를 공명음^Sonorant^이라 하고 d–g에서 것처럼 조음위치와 조음기관을 통해 기류가 방해를 받으면서 생성되는 소리를 장애음^Obstruent^이라 한다.

장애음은 조음위치와 조음기관을 통과하는 기류가 방해를 받는 조음방법을 통해 생성하는 소리들이다. '차단/폐쇄하기'를 통해 생성된 소리를 (폐쇄)파열음^Plosiv^ 그리고 '좁히기'를 통해 생성된 소리를 마찰음^Frikativ^이라 한다. 따라서 조음방법을 통해 생성된 언어소리는 크게 공명음, 파열음, 마찰음으로 분류된다.

언어소리기술

공명음은 우리가 구강과 비강으로 흐르는 기류흐름조절을 통해 생성하는 소리로, '비강열기'를 통해 생성된 소리는 성대를 진동시켜 만들어진 소리가 비강을 통해 코로 나가면서 비강에서 공명된 것으로 이해하면 된다. 이 경우 '비–구강열기'의 정도를 통해 비강에서와 구강에서의 공명정도가 조절될 수 있고, 이를 통해 비음의 음색이 결정지어진다. 독일어의 경우 이런 '비–구강동시열기'를 통해 생성되는 소리는 외래어에서만 나타나는 경향을 보인다. 반면, '구강열기'를 통해 성대에서 형성된 소리를 담은 기류가 아무런 저해요소 없이 구강을 통해 나가면서 구강의 모양과 혀의 위치 및 높이에 따라 음색이 변화

-공명하면서 생성되는데, 이런 소리를 구강공명음이라 한다. 이를 별도로 모음Vokal으로 분류한다.

모음

입말의 모음생성을 위한 중요한 조음기관은 입술과 입 그리고 혀와 성대로 요약될 수 있다. 우리의 혀는 구강의 여러 가지 모양, 특히 공명공간의 모양을 형성하는데 결정적인 역할을 한다. 혀는 턱(하악)의 아래-위(상하)이동을 통해 형성된 구강의 크기, 구강의 열림과 닫힘 및 그 모양을 다양하게 변형할 수 있도록 한다. 동시에 구강 안에서의 상-하 및 전-후 이동을 통해 생성될 모음소리의 특징을 결정하는 역할을 한다. 이때 입술은 생물학적 자연형태인 타원형에서 원형으로 변화하고 다시 돌아가는 과정을 통해 공명공간을 형성한다. 이런 혀와 턱 그리고 입술의 변화 및 그 조합과정은 셀 수 없이 다양하고, 이 때문에 다양한 모음의 생성을 가능하게 한다.

모음의 연속성을 이해하기 위해 편의상 모음조음기관인 입술-입-혀의 순으로 모음발음을 위한 형태 및 변화를 간략한 도해(Rausch/Rausch, 1995:17)를 통해 구분할 수 있다.

입술모양

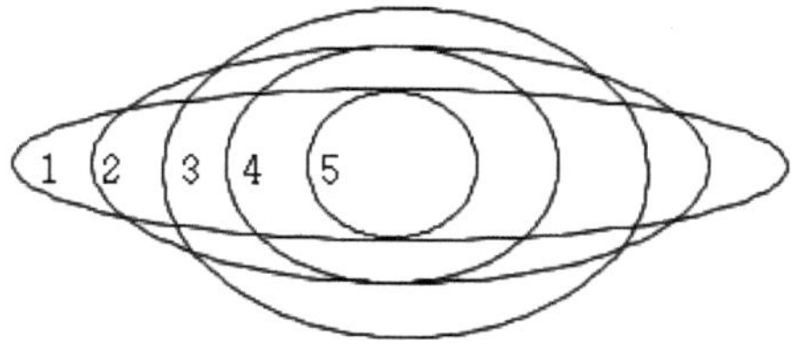

타원Oval과 원Kreis/Zirkel모양으로 표현된 1-5까지의 입술모양은 특정한 5개의 모음을 만들기 위한 입술의 형태만을 대강 제시한 것으로, 실

제 이 이외의 다른 모음을 생성하기 위해 입술모양과 형태가 존재한다. 특정한 입술모양은 특정한 모음을 발음하기 위한 형태로 그 숫자는 실현가능한 모음 숫자 만큼이다 많다고 요약/이해할 수 있다. 위 5의 입술모양을 통해 생성되는 모음을 입술의 모양을 특징적으로 표시하여 위해 원순모음이라 한다.

입의 모양(상-하/열림-닫침)

입의 모양에 대한 간단한 도해는 특정모음을 발음할 때의 아래턱의 상하이동을 통해 형성된 입과 구강의 크기를 나타낸다. 이런 모양은 입술의 모양과 상관관계를 갖는데 이를 연관시키면 대략 다음과 같다.

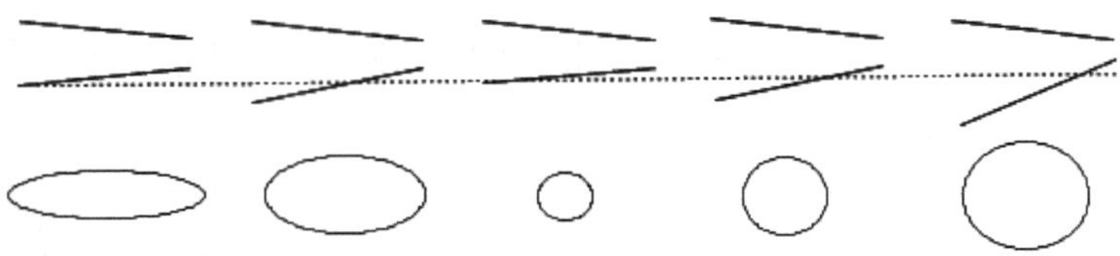

이 도해는 특정한 모음을 생성하기 위해 입술모양과 입의 모양 사이에 특정한 상관성이 있음을 나타낸다. 여기에 구강안의 혀의 전-후와 상-하위치중에서 우선 혀의 전-후 관계와 연관시키면, 다음과 같은 입술모양과 입모양 그리고 혀의 위치(전-후)와의 상관관계가 형성된다.

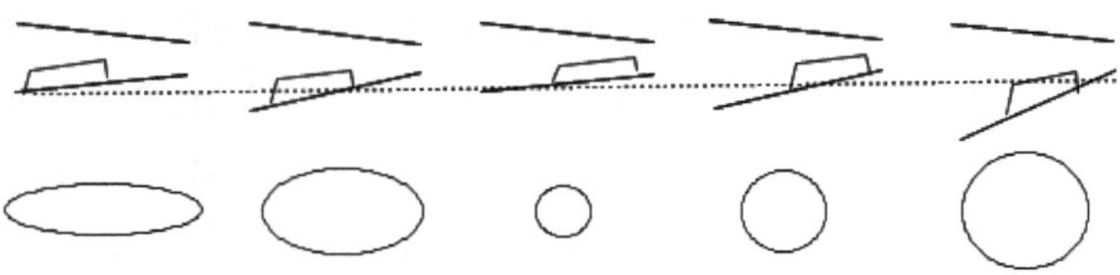

위의 관계를 통해 짐작할 수 있듯, 모음은 입술모양과 턱/입의 개폐정도 그리고 구강안의 혀의 위치(전-후)를 통해 특징적으로 기술할 수 있다. 예를 들어, 우리는 위 도해의 마지막 그림을 기반으로 생성되는 모음소리를 '원순-열린-중간모음'으로 기술할 수 있다. 하지만, 모음은 연속성을 띄고 다른 소리와 결합하는 발음환경에 따라 그리고 개인의 발음기관구조 및 조음습관에 따라 변화할 수 있기 때문에 실제 입말에 나타나는 모음을 단정해서 기술하는 것은 거의 불가능하다. 그럼에도 불구하고, 우리는 소리생성에 참여하는 중요한 조음기관인 혀의 위치, 입의 열림-단침 그리고 입술모양과 형태 중에서 관점에 따른 요소와 상대적인 특성을 중심으로 모음을 기술한다.

입말에 나타나는 모음을 특징적으로 기술하기 위한 또 하나의 중요한 요소는 혀의 높이(고-저)와 혀의 (전-후)위치다. 혀의 위치, 즉 혀의 전-후와 고-저를 동시에 표시하기 위해 중심조음기관인 혀를 삼단계로 구분한 삼각도형 또는 사각도형을 응용하는데 이를 모음삼각도 [Vokaldreieck]와 모음사각도 [Vokalviereck]라 한다.

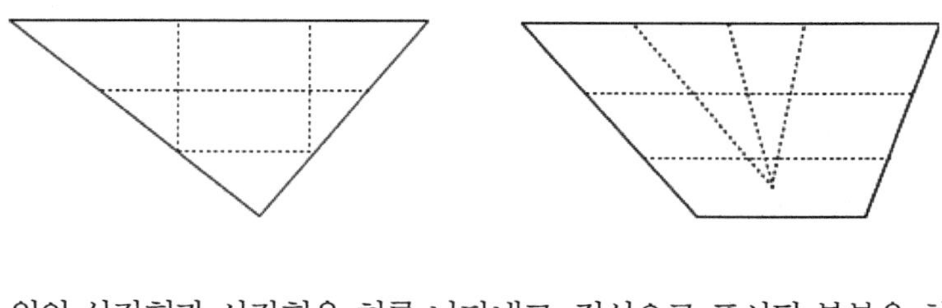

위의 삼각형과 사각형은 혀를 나타내고, 점선으로 표시된 부분은 혀의 위치인 전-후와 고-저를 구분하고 있다고 이해하면 된다. 조음과정에서 연속성을 보이는 혀의 움직임을 기술하는 것은 어렵지만, 모음을 발음할 때의 혀의 위치를 고정할 수 있는 모음삼/사각도를 이용하여 혀의 조음위치인 전-후와 고-저를 규정할 수 있다. 따라서, 특정한 모음이 어느 위치에서 생성되는지를 고정해서 표시하고 이에 따른 모음기술이 가능하다. 예를 들어, 어느 모음이 아래 삼각도에서 ● 위치와 ◆ 위치 ◎ 그리고 위치에서 조음이 된다고 고정할 수 있으면,

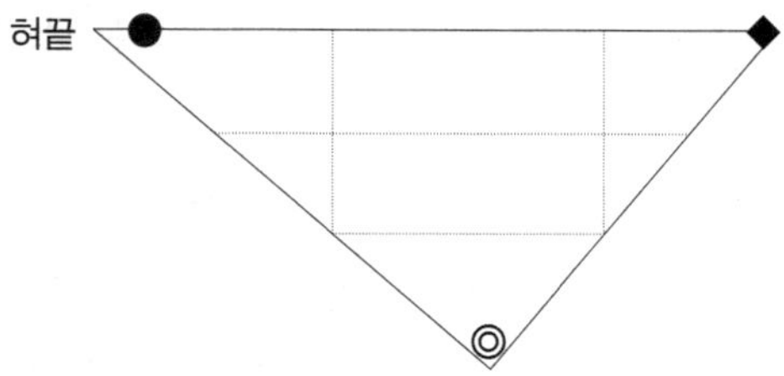

● 위치에서 발음되는 모음을 '혀가 앞쪽으로 높게 이동해서 혀 끝 부분으로 발음되는 소리'로, ◆ 위치에서 발음되는 모음을 '혀의 뿌리 부분이 뒤쪽으로 높게 이동해서 발음되는 소리'로, 그리고 ◎ 위치에서 발음되면 '혀가 중간-아래쪽으로 이동해서 조음되는 소리'로 표시할 수 있다.

모음기술에 관한 이해를 돕기 위해 조음기관인 입술을 시작점으로 입의 모양 그리고 혀의 위치/높이 순으로 정리하면 다음과 같다.

입술모양	입의 모양	혀의 위치	혀의 높이	생성된 모음
평순	닫침	전방	높음	
평순 > 원순	중간	전방	중간	
평순>중간<원순	열림	중간	낮음	
평순 < 원순	중간	후방	중간	
원순	닫침	후방	높음	

이 표는 우리가 특정한 모음을 언어로 어떻게 설명할 수 있는지를 보여준다. 예를 들어, 위 도표의 첫 번째 방법에 의해 표기될 모음은 우리가 '입술을 자연스럽게 하고(평순), 입은 거의 닫은 상태에서(닫

침), 혀를 구강의 전방 높은 위치로(높음) 이동하여 발음하는 모음'으로 설명할 수 있다. 또한 위 표의 마지막에 설명된 모음의 경우에는, '입술을 동그랗게 하고(원순), 입은 닫은 상태에서(닫침), 혀를 구강의 뒤(후방)-높은 쪽으로(높음) 이동시켜 발음하는 소리'로 기술할 수 있다.

이렇듯 모음조음과정에서의 조음기관들의 결합이 상대적이기 때문에 모음기술은 번거롭고 복잡하다. 이런 이유에서 비교개념을 바탕으로 모음의 특징만을 부각시켜 표기하기도 한다. 예를 들어, 원순모음의 반대개념으로 평순모음, 열린모음의 반대개념으로 닫친모음, 후설모음의 개념으로 전설모음, 낮은 모음의 반대개념으로 높은 모음 등으로 모음의 특징만으로 단순화하여 기술한다. 결과적으로 모음기술은 입의 열림정도(열림-닫침)와 입술모양(평순~원순) 그리고 혀의 위치(전-후 및 고-저)를 중심으로 한다. 기술관점에 따라 '열림-(중간)-닫침'과 같은 (중간)개념을 사용하기도 하고, 혀의 위치에 따른 긴장과 이완정도를 추가로 포함하여 표시된다.

특히, 혀의 긴장/이완정도는 모음이 발음될 때 아래 도해에서 보여주는 것처럼 혀의 중심에서 점선으로 표시된 원의 공간을 벗어나는 경우를 혀가 긴장된 것으로 이해하면 된다(Maas, 1999:151-153, 257, 259). 따라서 ●의 위치에서 발음이 된다면 혀가 이완된 상태에서 조음된 소리로 볼 수 있다. 하지만 만약 특정한 모음이 원을 벗어난 ◎의 위치에서 조음이 된다면 이 모음은 긴장된 모음으로 이해하면 된다.

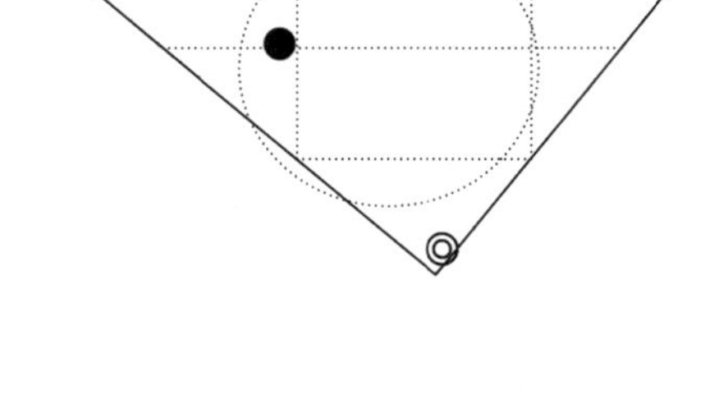

구강 안에서 발화된 특정한 언어모음을 총체적으로 기술하기 위해 아래와 같은 도해형성이 가능하다.

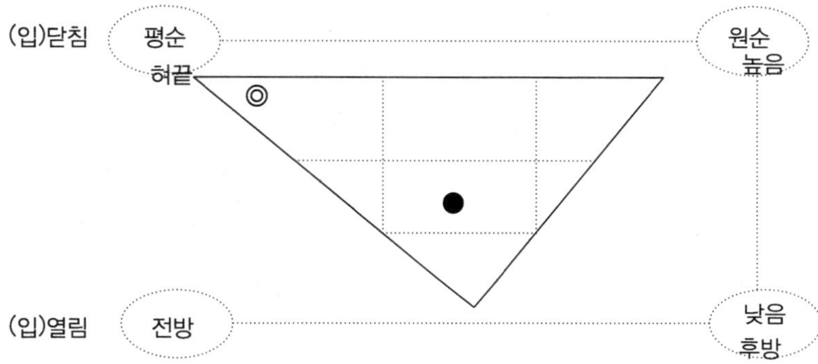

예를 들어, 만약 특정모음이 ◎의 위치에서 발화된다고 가정하고 이를 원순이 아닌 입술모양(평순), 닫친 입의 모양(폐), 혀의 앞쪽을 이용하고 이때 혀가 구강의 높은 위치에서 긴장되어 형성되는 모음(구강공명음)이라고 기술할 수 있다. 반면, ●의 위치에 표시된 모음은 모든 기술개념(입술모양, 입의 모양, 혀의 위치와 긴장도)의 중간에서 조음되는 특성을 갖는다고 할 수 있다.

이 도해는 입말의 모음기술을 위한 구도로 우리는 이를 기반으로 언어모음의 특징을 얻을 수 있다. 다만, 예를 들어 '후설모음이 아닌 모음은 평순모음일 수 있다'는 특징을 기술을 유도할 수도 있는데, 반드시 그런 것만은 아님에 유의해야 한다. 이는 조음방법과 음가의 인정범위와도 관련이 있다. 또한 조음방법 '비-구강 동시열기'에서도 논의했듯, 연구개 뒷부분과 여기에 연결된 목젖을 낮추어 구강과 비강을 동시에 개방함으로써 비강과 구강에서의 동시공명을 통해 형성되는 모음소리를 경험하게 되는데, 이런 모음은 독일어의 경우에는 외래어에만 나타나는 경향을 보인다. 이에 대한 내용은 독일어 소리와 관련해서 논의하도록 한다.

자음

언어소리는 '비-구강동시공명'음을 포함하는 '구강공명음'인 모음과 그 이외의 언어소리인 '비강공명음' 그리고 '장애음'으로 구분한다. 특히, '비강공명음'과 '장애음'을 자음으로 분류한다.

비강공명음은 일반적으로 '비음'이라 하는데, 공명음이기 때문에 항상 유성음의 특성을 갖는다. 비음은 구강의 폐쇄위치, 즉 구강 안의 어느 조음기관이 어느 위치에서 기류를 차단하여 비강공명을 유도하였는지에 따라 구분하는데, 이를 도표화하면 아래와 같다.

	조음위치	조음기관	조음방법	생성된 언어소리
1	윗입술	아랫입술	비강열기	
2	치경/치조	설전	비강열기	
3	연구개	혀윗부분뒤	비강열기	

이 자음소리들은 조음위치와 조음기관에 따른 분류에 의거해서 1은 양순비음, 2는 치조/치경비음 그리고 3은 연구개비음으로 명명된다.

'장애음'은 소리생성기류가 방해를 받는 조음방법을 통해 생성되는 자음들로, 이 방해특성은 자음소리기술에 반영된다. 즉, 자음은 조음위치-조음기관의 명칭에 조음방법 그리고 소리(음)[Phon]를 붙여 표시한다. '차단/폐쇄하기'를 이용한 조음방법으로 생성한 소리를 '(폐쇄)파열음', 그리고 '좁히기'를 통한 마찰을 유도해 생성한 소리를 '마찰음'이라 한다. 이에 더해 성대의 움직임여부를 '유성/무성음'으로 규정하여 기술한다. 소리생성기류가 특정한 방해를 통해 변형되는 언어소리인 장애음을 어떻게 기술하는지에 대한 이해를 돕기 위해 몇 예를 들어 기술하면 다음과 같다.

	조음위치	조음기관	조음방법	성대 움직임여부	생성된 언어소리
1	윗입술	아랫입술	차단/폐쇠	무성음	폐쇄음/파열음
2	윗입술	아랫입술	차단/폐쇠	유성음	폐쇄음/파열음
3	윗앞니	아랫입술	좁히기	무성음	마찰음
4	윗앞니	아랫입술	좁히기	유성음	마찰음
5	앞니뒤잇몸(치조)	혀앞면	차단/폐쇄	무성음	폐쇄음/파열음
6	앞니뒤잇몸(치조)	혀앞면	차단/폐쇄	유성음	폐쇄음/파열음
7	경구개	혀윗부분중간	좁히기	무성음	마찰음
8	연구개	혀윗부분뒤	차단/폐쇄	무성음	폐쇄음/파열음
9	연구개	혀윗부분뒤	차단/폐쇄	유성음	폐쇄음/파열음
10	연구개	혀윗부분뒤	좁히기	무성음	마찰음
11	목젖	목청/성문	좁히기	무성음	마찰음
12	앞니뒤잇몸(치조)	혀측면	측면좁히기	무/유성음	설측음

전체적으로 자음을 기술은 모음에 비해 명확하다. 예를 들어, 1은 '양순무성파열음', 4의 경우는 '치순마찰유성음', 그리고 10의 경우는 '연구개설근무성마찰음'으로 기술할 수 있다. 이런 소리명칭은 모음에서도 논의했듯 단순화해서 기술하기도 하고, 순서를 바꾸어서 특징적으로 기술하기도 한다.[1]

1 독일어 자음도 조음위치-조음기관의 명칭과 조음방법 및 성대의 움직임여부와 함께 기술된다. 우리에게 언어소리에 대한 기술, 어떻게 언어소리가 형성되는지에 대한 논의는 짜증날 정도로 어렵게만 느껴진다. 하지만, 모국어가 아닌 언어를 배우는 과정에서, 특히 입말을 많이 접할 수 없는 환경에서 외국어를 배우는 상황에서의 언어소리에 대한 지식은 원활한 면-대-면 의사소통을 위해 절실하다. 실제로 우리가 풍부한 어휘능력과 언어적 지식에도 불구하고 실제 대화상황에서 원활하지 않은 의사소통 때문에 당황하는 이유의 대부분이 발음이 원만하지 않기 때문이라는 사실

다음 장에서는 입말에서 나타나는 소리를 근거로 논의한 언어소리들이 어떻게 또 어떤 과정을 통해 우리에게 익숙한 문자로 전환-표기되었는지에 대해 논의한다. 특히, 문자와 소리의 전환방법과 전환과정에 대한 이해를 통해 새로운 언어를 배우는 과정에서 주의해야 할 사항들을 중심으로 논의하도록 한다.

을 부인하지 않는다. 하지만 이런 현상이 소리생성을 위한 조음위치와 조음기관의 불일치 그리고 잘못된 조음방법에서 초래된다는 사실을 인정하는 사람은 많지 않다. 물론 -모국어를 배우는 것과 같이- 처음부터 언어소리를 중심으로 언어를 습득하면 좋겠지만, 여러 여건상 문자를 중심으로 외국어를 습득해야 하는 상황에 있는 사람들에게는 소리생성원리와 그 소리생성을 위해 결합하는 조음위치와 조음기관의 특징 그리고 조음방법 및 조음기관의 긴장도 등을 확실하게 이해하는 것이 중요하다. 이런 지식은 다른 외국어 습득은 물론 모국어를 포함한 언어를 이해하는 기반을 다지는 첫걸음이다.

1.3 언어소리의 문자표기

의사소통을 위해 사용되는 언어는 특정한 소리가 특정한 규칙을 통해 의미를 내포하는 소리언어, 즉 입말이 된다. 입말은 시-공간적 한계를 포함하고 있다. 입말이 시-공간적인 한계로 인해 그 기능을 계속해서 유지하지 못할 때, 우리는 보조수단을 사용하여 왔다.[2] 이 보조수단을 문자라 하고 이를 통해 우리는 의사소통의 장해요소를 극복해왔다.

입말을 글말로 전환하는 역사는 각 언어마다 나름의 전통을 갖는다. 예를 들어, 한글과 라틴어문자의 경우에 독자적인 문자체계를 바탕으로 입말에 나타나는 소리를 표기한 것처럼, 다른 언어권에서도 나름의 문자를 사용하여 입말에 나타나는 소리를 표기한다. 언어소리를 표기, 즉 시각화하는 문자는 언어에 따라 비슷한 경우도 있지만, 대부분의 경우 문자의 종류만큼이나 다양한 형태를 띤다. 소리를 표기하는 다양한 형태를 일원화하기 위한 방안으로 1938년에 라틴어문자를 기반으로 한 국제적으로 공통적인 음성기호[Lautschrift]가 제정된다. 이 기호는 조음위치와 조음기관의 접촉 그리고 이때 사용되는 조음방법을 기반으로 생성되는 모든 언어소리를 표기하려는 의도를 포함한다. 하지만, 언어에는 같은 조음조건하에서도 섬세한 변화에 의해 다르게 생성되는 언어소리들이 존재한다. 이런 언어소리를 세분해서 더 구체적으로 구분하기 위해 변별음성부호[Diakritische Zeichen]를 제정하게 된다. 즉,

---

2 때문에 소리언어를 일차(도구)언어로, 또 이를 대신해 사용하는 문자를 이차(도구)언어로 규정한다. 입말을 문자, 즉 글말로 옮기는 능력 그리고 글말을 다시 입말로 옮기는 능력은 문자사용능력과 직결된다. 문자사용의 숙련정도는 교육정도와 밀접한 관련성을 갖는다. 이차(도구)언어를 사용하는 능력은 의사소통상황과 정보전달상황을 확대할 수 있는 특별한 능력으로 이해되어 왔고, 현대사회에서도 특별한 의미를 갖는다.

국제음성기호Interantionales Phonetisches Alphabet가 조음위치와 조음기관 그리고 조음방법이 동일한 언어소리를 표기하기 위해 제정된 소리표기를 위한 문자라면, 변별음성부호는 같은 조건에서 조음되는 언어소리에 다른 요소가 동반되어 조음되는 경우의 언어소리를 보다 더 정확하게 표시하기 위한 추가적인 소리표기를 위한 부호로 이해하면 된다.

국제음성기호

우리는 입말의 언어특성을 기술하면서도 일반적으로 입말소리가 아닌 영어를 배우는 과정에서 자연스럽게 접해온 알파벳 문자에 기대어 이해한다. 이는 통상적 발음기호로 알려진 국제음성기호의 영향이라고 할 수 있다. 국제음성기호는 모음 및 합성모음(장모음) 그리고 자음을 표기하기 위해 우리가 알고 있는 라틴어 알파벳을 기반으로 하고, 다른 문자기호를 도입하거나 변형한 형태로 구성된다. 국제음성기호 중에서 표준 독일어에서 빈번하게 나타나는 언어소리를 표기하기 위해 사용되는 기호 중 일부를 나열하면 다음과 같다.

국제음성기호 : 입말소리표기를 위한 문자
a, ɑ, ɑ:, ɐ, ɐ, aɪ, aʊ, b, ç, x, d, e, e:, ɛ, ɛ:, ə, f, g, h, I, ɪ, i:, j, k, l, m, n, ŋ, o, o:, ɔ, ø, ø:, œ, ɔɪ, p, pf, r, s, ʃ, t, ʦ, ʧ, u, u:, ʊ, ʋ, x, y, y:, ʏ, z

국제음성기호체계에서는 알파벳의 대-소문자 및 필기-인쇄체 등으로 나타나는 공통개념을 대립개념으로 설정하고 있다. 따라서 이들은 서로 다른 언어소리를 표기할 수 도 있다. 또한, 인위적으로 개별 어휘를 구분해야하는 경우를 제외하고는 띄어 쓰지 않는다. 국제음성기호는 일반적으로 네모괄호 [ ]나 사선괄호 / /안에 표시된다. 사선괄호

/ /안에 표기되는 소리표기는 의미를 분화시켜주는 소리와 관련된 모든 소리를 전체-개념적으로 표시하는데, 이를 음소^{Phonem}라 한다. 네모괄호 [ ]안에 표시된 소리표기는 실제언어에서 사용되는 소리^{Phon}를 나타낸다. 예를 들어, 알파벳 <b>가 사선괄호 안에 /b/처럼 표시되면, 추상적 상위개념인 음소 /b/로 이해한다. 이는 의미를 분화시키는 '양순-파열-유성음' 전체를 개념적으로 표시한다. 우리가 이를 네모괄호 안에 [b]로 표시하면 언어에서 실제로 발화된/될 개별언어 소리가 '양순-파열-유성음'임을 표시한다. 따라서 사선괄호에 표시된 소리표기는 네모괄호 안에 표시된 언어소리보다 한 층위 더 높고, 이를 통해 전체 '양순-파열-유성음'을 포함하는 개념적 대표소리로 이해될 수 있다.

우리는 위에서 언어소리를 분류하고 기술하는 과정에서 공명음과 장애음(비공명음)으로 분류했다. 공명음은 기류가 공명체안에서 아무런 방해 없이 통과하면서 나는 언어소리를, 비공명음은 조음위치와 조음기관을 통하는 기류가 특정한 방해작용을 통해 영향을 받는 조음방법을 통해 생성되는 소리로 구분했다. 또한 공명음을 구강공명음과 비강공명음으로 구분했고, 성대를 지난 공기가 목젖의 역할에 따라 구강을 통해 나오면서 소리를 내면 구강음, 비강(코)을 통해 나오면서 소리를 내면 비(강)음이라 구분하고, 특히 구강공명음을 모음이라 했다. 공명음의 반대개념을 가진 비공명음은 장애음이라 했고, 여기에 파열음과 마찰음이 속한다.

여기에서는 위 23쪽에서 논의된 언어소리들을 음소와 음으로 대비시켜 국제음성기호로 표기하면 다음과 같다.

공명음: 모음

입술모양	입의 모양	혀의 위치	혀의 높이	생성-실현될 언어소리
평순	닫침	전방	높음	/i/ - [i]
평순 > 원순	중간	전방	중간	/e/ - [e]
평순>중간<원순	열림	중간	낮음	/a/ - [a]
평순 < 원순	중간	후방	중간	/o/ - [o]
원순	닫침	후방	높음	/u/ - [u]

위의 입말논의과정에서 '입술모양은 동그랗고 입은 닫쳐 있는 상황에서 혀가 상승하면서 혀의 후방을 이용해서 조음되는 소리전체'는 사선괄호 / / 안에 음소 /u/로 표기하고, 언어화용상황에서 구체적으로 실현되는 언어소리를 네모괄호 [ ] 안에 [u]로 표기한다. 이 과정을 '[u]는 입술모양은 동그랗고 입은 닫쳐 있는 상황에서 혀가 상승하면서 혀의 후방을 이용해서 생성되는 모음'과 같은 방법으로 설명하기도 하고, 경우에 따라서는 '[u]를 후설-원순모음'과 같이 여러 조음환경 중에서 일부만을 특징적으로 기술하기도 한다. 이런 기술방법에 의거하여 위의 모음을 다시 표기하면 다음과 같다.

모음	입술모양	입모양	혀위치	혀높이	대표소리(음소)표기
[i]	평순	닫침	전방	높음	/i/
[e]	평순 > 원순	중간	전방	중간	/e/
[a]	평순>중간<원순	열림	중간	낮음	/a/
[o]	평순 < 원순	중간	후방	중간	/o/
[u]	원순	닫침	후방	높음	/u/

이런 표기방법에 의한 설명은 일반적인 소리기술방법이다. 따라서 소리 [i]는 '입술모양은 평순하고 입은 거의 닫친 상태에서 혀가 상승하면서 혀끝으로 발음되는 모음'으로 기술된다. 경우에 따라서는 '평순-전설모음'으로 설명된다. 이는 언어소리의 특징과 생성과정을 기술하는 경우로, 조음위치와 조음기관 그리고 조음방법에 대한 이해도 및 조음환경에 대한 지식을 전제조건으로 한다. 위 26-27쪽에서 논의된 자음을 표기하면 다음과 같다.

공명음 : 비음

비음	조음위치	조음기관	조음방법	성대 움직임여부	생성소리명칭
[m]	윗입술	아랫입술	비강열기	유성음	양순-비음
[n]	치경/치조	설전	비강열기	유성음	치조-비음
[ŋ]	연구개	혀윗부분뒤	비강열기	유성음	연구개-비음

여기에서 [m], [n], [ŋ]의 비음은 조음위치와 기관만 다를 뿐 조음방법과 성대움직임 여부가 일치한다. 따라서 비음의 경우는 조음환경중의 일부만을 특징적으로 [m]-(양순비음), [n]-(치조비음) 그리고 [ŋ]-(연구개비음) 등으로 구분해서 기술한다.

비공명음 : 장애음(파열음, 마찰음)

장애음	조음위치	조음기관	조음방법	성대 움직임여부	생성소리명칭
[p]	윗입술	아랫입술	차단/폐쇠	무성음	폐쇄/파열음
[b]	윗입술	아랫입술	차단/폐쇠	유성음	폐쇄/파열음
[f]	윗앞니	아랫입술	좁히기	무성음	마찰음
[v]	윗앞니	아랫입술	좁히기	유성음	마찰음
[t]	앞니뒤잇몸(치조)	혀앞면	차단/폐쇄	무성음	폐쇄/파열음

장애음	조음위치	조음기관	조음방법	성대 움직임여부	생성소리명칭
[d]	앞니뒤잇몸(치조)	혀앞면	차단/폐쇄	유성음	폐쇄/파열음
[s]	앞니뒤잇몸(치조)	혀앞면	좁히기	무성음	마찰음
[z]	앞니뒤잇몸(치조)	혀앞면	좁히기	유성음	마찰음
[ʃ]	앞니뒤잇몸(치조)	혀앞면	좁히기	유성음	마찰음
[ç]	경구개	혀윗부분중간	좁히기	무성음	마찰음
[k]	연구개	혀윗부분뒤	차단/폐쇄	무성음	폐쇄/파열음
[g]	연구개	혀윗부분뒤	차단/폐쇄	유성음	폐쇄/파열음
[x]	연구개	혀윗부분뒤	좁히기	무성음	마찰음
[h]	목젖	목청/성문	좁히기	무성음	마찰음
[l]	앞니뒤잇몸(치조)	혀측면	측면좁히기	무/유성음	설측음

대부분의 비강공명음인 비음과 장애음은 구강공명음인 모음과 함께 생성되는 소리들이다. 따라서 우리가 자음을 기술할 때도 기류방해특성이 그대로 반영된다. 즉, 자음은 조음위치-조음기관의 명칭에 조음방법 그리고 소리(음)를 붙여 표시한다. 입말소리를 표기한 문자를 다시 입말로 기술하기 위한 기준을 따르면, 우리가 소리생성기류가 특정한 변형과정을 거쳐 생성되는 장애음을 기술하는 것은 어렵지 않다. 예를 들어, [p]는 아래-위의 양 입술(조음위치+조음기관)이 폐쇄되고 열리는 파열과정(조음방법)을 통해 성대움직임 없이 생성되는 언어소리(양순파열무성음)로 기술하면 된다.

위 도표에 나타나는 '생성소리명칭'을 살펴보면 자음은 파열음, 마찰음, 설측음 등의 3가지 종류로 구분할 수 있다. 이들을 조음위치에 따라 구분하면 다음과 같다.

언어소리＼조음위치	입술	입술+치아	치조	경구개	연구개
파열음	[p, b]		[t, d]		[k, g]
마찰음		[f, v]	[s, z, ʃ]	[ç]	[x]
설측음			[l]		
비음	[m]		[n]		[ŋ]

'차단/폐쇄하기'를 이용해 생성한 파열음, '좁히기'를 통한 마찰유도생성음인 마찰음 은 성대의 움직임여부에 따라 유성/무성음의 쌍으로 기술하고, 비음과 설측음은 유성음을 기반으로 생성되기 때문에 성대움직임 여부를 기술하지 않는다.

변별음성부호

언어소리기술을 통해 얻어지는 발음기호에 대한 지식과 이를 통한 언어소리 재생능력은 언어를 습득하는데 도움을 준다. 그럼에도 불구하고, 우리에게 항상 문제점으로 다가오는 것은, 이런 전체개념으로 이해되는 발음기호를 어떻게 정확히 입말/소리화해야 하는 것이다. 이를 극복하기 위한 도구로 변별음성부호가 도입된다. 그중에서도 독일어논의와 관련된 변별음성부호의 일부를 나열하면 다음과 같다.

변별음성부호	입말소리표시를 위한 기능
[:]	모음의 길이가 길음을 표시
[ˀ]	음절이 모음으로 시작하는 경우에 나타나는 눌림소리를 표시
[ˈ]	음절 앞에 위치해서 주요강세를 표시
[˜]	모음의 비음화(비-구강 동시열기)를 표시

변별음성부호	입말소리표시를 위한 기능
[̩]	자음이 음절처럼 발음되는 경우를 표시
[̥]	유성자음이 무성음화된 경우를 표시
[̯]	음절모음위에서 비음절모음임을 표시

지금까지 우리는 입말에 나타나는 언어소리가 어떻게 생성되는지와 입말소리를 문자화하기 위해 설정된 국제음성부호에 대해 논의했다. 이제 우리에게는 이런 문자로 표기된 언어소리들을 어떻게 구체적으로 소리화해야 하는지, 즉 입말소리를 표기한 문자와 기호들을 이해하고 이들을 입말소리 재생을 위한 기호기능으로 체화해야 하는 과제를 안고 있다.[3] 아래에서는 독일어 입말에 나타나는 언어소리가 어떻게 독일어문자로 표기되어 있는지 그리고 국제음성기호와 어떤 상관관계를 갖는지를 논의한다.

3 이를 위해 우리는 문자로 표기된 발음기호를 우리 입말을 바탕으로 이해하고, 조음위치와 조음기관의 공조 그리고 조음방법은 물론 조음기관의 긴장도 등도 우리입말 소리생성과정에 기대어 연습하는 경향에서 벗어나야 한다. 이는 언어마다 나타나는 비슷한 언어소리들이 조음위치와 방법에 따라 의미를 분별하는 소리일 수 있고 또 비슷한 소리를 조음하기 위한 위치와 기관 및 조음방법이 언어마다 다를 수 있기 때문이다.

2

독일어 소리와 표기문자

2.1 독일어소리

독일어에서 의미를 포함하는 소리는 몇몇의 의성어를 제외하고는 일반적으로 허파로 유입된 기류가 입과 코를 통해 다시 나오면서 형성되는 형태를 띤다. 표준 독일어에 빈번하게 나타나는 소리(음소)들은 다음과 같다(Duden 4, 2009:34-37).

/a, ɑ, ɐ, aɪ, aʊ, b, ç, x, d, e, ɛ, ə, f, g, h, ɪ, i, j, k, l, m, n, ŋ, o, ɔ, ø, œ, ɔɪ, p, pf, r, s, ʃ, t, ʦ, ʧ, u, ʊ, ʋ, x, y, ʏ, z/

독일어에서 사용되는 소리들은 다른 언어에서도 사용되는 비슷한 소리들이 대부분이지만 독일어 특유의 소리들도 존재한다. 독일어 특유의 소리는 물론 다른 언어에서도 비슷하게 나타나는 독일어 소리들은 그들과 다른 조음위치와 조음기관 및 조음방법을 통해 구분된다. 모든 언어에서 그렇듯 독일어 소리들은 국제음성/발음기호(1938)와 변별음성부호를 통해 표기가 어느 정도 일원화되기 전까지는 독일문자를 통해 표기되었다. 그 과정에서 지역과 사회계층 그리고 교육정도에 따른 표기차이가 존재하였고(Maas, 1992: 2-11), 이런 문제는 아직도 독일어 정서법제정과 조정 그리고 재조정을 위한 논의를 통해 일원화되어가고 있다.

2.2 독일어소리 표기문자

독일어 소리를 표기하기 위해 독일어권에서 사용하는 문자는 다음과 같다.[4]

<A a, B b, C c, D d, E e, F f, G g, H h, I i, J j, K k, L l, M m, N n, O o, P p, Q q, R r, S s, T t, U u, V v, W w, X x, Y y, Z z>,

<Ä ä, Ö ö, Ü ü>, <ß>

독일어 문자는 로마문자에서 차용한 문자와 〈A, a〉, 〈O, o〉, 〈U, u〉 등의 모음에 변모음“ ¨ ”[Umlaut]를 첨가해 〈Ä ä, Ö ö, Ü ü〉로 변형해서 사용한다. 또한 그리스 문자에서 ß[estset]을 차용해 사용하고 있다. 최근의 독일어 정서법에는 〈ß〉의 사용을 〈ss〉로 대신하는 경향을 보인다.[5] 독일어 문자들은 대문자와 소문자로 구분되어 사용된다. 대문자는 문장의 시작과 낱말이 고유한 사물 또는 개념의 명칭(명사)과 이에 준하는 낱말(명사처럼 사용되는 낱말)임을 알리기 위해 사용된다.

---

4 일반적으로 문자는 〈 〉안에 표기한다. 자소론에서 논의되는 철자-자소-음소와의 관계는 두덴(Duden 4, 2009:66-70)과 문자언어학(Christa Dürscheid. 김종수역 2007: 199-228)을 참고한다.

5 독일어에서 문자〈ß〉는 주로 단모음 뒤에 사용되고, 음절[Silbe] 또는 낱말의 마침, 경우에 따라서는 낱말어간을 표시하는 기능을 포함한다(Duden 1, 2004:81). 1996년 제안된 새로운 정서법에서는 장모음 뒤에 나타나는 〈Fuß〉, 〈Floß〉 등의 경우를 제외한 경우의 〈ß〉사용을 〈ss〉로 바꾸어 표기하도록 했다. http:www.rechtschreibrat.com 및 Duden 1, 2006[24]:1161-1216 그리고 아래 각주 10 참고.

표기문자 명칭

독일어 문자들은 입말에 사용되는 소리언어 또는 여러 소리언어의 결합형태를 시각화하기 위해 사용된다. 문자들은 시간과 함께 사라져 버리는 소리를 고정해서 시간과 장소를 극복하고, 문자해석능력을 보유한 사람이 이를 다시 소리화해서 그 의미를 이해할 수 있도록 고정하는 역할을 한다.[6] 우리가 독일어에서 사용되는 문자들의 명칭을 국제발음기호와 관련지어 구분하면 다음과 같은 도표를 얻을 수 있다.

A a (a), [a/ɑ],	H h (ha), [h],	K k (ka), [k],	V v (fau), [f],	Ä ä (a-Umlaut) [æ, ɛ]	
E e (e), [e],	C c (tse), [c],	D d (de), [d],	G g (ge), [g],	T t (te), [t],	Z z (tset), [ts/t^s]
B b (be), [b],	P p (pe), [p],	W w (ve) [v],			

6 특정한 문자와 소리사이의 상호관련성에 대한 체계적 지식은 오랫동안 지식인들만의 특별한 능력으로 여겨져 왔다. '문자들을 소리화해서 표준화된 해당 구술언어로 재현시킬 수 있다'는 것은 아직도 교육을 받은 특정한 사람들만의 능력이다. 인간언어는 다양한 소리를 포함한다. 이런 이유에서 여러 언어에 동일하거나 전혀 다른 독특한 소리를 포함할 수 있다. 비록 서로 다른 언어들에서 동일하게 나타나는 소리들이라 할지라도 그들이 속한 소리연결체계는 언어에 따라 다르다. 이런 상이성은 각 언어의 특성을 드러낸다. 더욱이, 서로 다른 여러 언어들 사이에서도 유사하거나 동일한 소리체계가 나타날 수가 있다. 하지만, 이런 다른 언어의 유사/동일한 소리와 소리연결체계의 유사/동일성은 다른 언어를 배우는데 용이할 수도 있지만, 이를 정확히 파악하지 않으면 이로 인해 여러 문제점이 야기된다. 특히, 영어 문자를 배경지식으로 다른 외국어를 배우는 우리의 위치에서는 이런 현상에 주의해야 한다. 다른 언어에서도 그렇듯, 독일어에서도 소리-문자사이의 관계에 대한 표준화는 오랜 시간동안 많은 시행착오를 거쳐 이루어져 왔고, 지금도 진행 중이다. 이런 표준화의 결과로 문자기록과 음성언어 사이에는 - 아직도 완전히 일치하지는 않지만 - 일관된 구성체계가 존재한다. 이에 관한 내용을 학습하는 것은 독일어를 익히는데 중요하다.

F f (ef), [f],	L l (el), [l],	M m (em), [m],	N n (en), [n],	R r (er), [R],	S s (es) [s, z]
I i (i), [i],	X x (iks) [ks]				
O o (o), [o],	J j (jot), [j],	Ö ö(o-Umlaut) [ø]			
U u (u), [u],	Q q(qu), [q],	Ü ü(u-Umlaut) [y]			
Y y (ypsilon), [j, i],	ß (estset) [ˀs]				

위 도표를 통해 독일어 문자명칭에는 이들의 발음가가 내재되어 있고,[7] 특히 이들의 이름을 읽을 때 형성되는 특정한 입모양과 발음가들 사이에 연관성이 있음을 확인할 수 있다. 독일어 문자의 이름과 이들의 소리특성간의 관련성을 파악하는 것은 이들을 독일어소리로 재현할 수 있게 한다. 더 나아가, 이 문자들의 연결체계에 관한 이해는 독일어에만 나타나는 특징적인 소리를 재구성할 수 있게 한다.

표기문자 종류

독일어 문자는 크게 모음과 자음(비음과 장애음)을 표시하는 문자들로 구분된다.

독일어 모음은 형태에 따라 단순모음과 복합모음 및 변형모음으로 구분된다. 그 외에 발음기관의 위치와 모양에 따라 분류가 가능하다(1

7 언어문자와 언어소리간의 관련성은 문자표시와 발음표시문자를 통해 설명된다. 즉, 어떤 문자가 어떻게 발음되는지 또는 어떻게 발음되는지에 따라 국제적으로 통용되는 소리기호를 사용해서 설명한다. 문자표시는 < >안에, 이들 문자의 실제발음표시는 [ ]안에 표시한다.

장). 독일어의 모음을 형태에 따라 구분하고, 이를 표시하는 문자와 국제음성기호와의 관련성은 아래와 같이 정리될 수 있다.

모음형태	독일어표기문자	국제음성기호 / /–[ ]
단(순)모음	〈a〉	/a/ – [a, ɑ, ɑ:]
	〈e〉	/e/ – [e, e:, ɛ, ɛ:, ə]
	〈i〉	/i/ – [i, ɪ, i:]
	〈o〉	/o/ – [o, o:, ɔ]
	〈u〉	/u/ – [u, u:, ʊ]
변(형)모음	〈ä〉	/æ/ – [æ, ɛ:]
	〈ö〉	/ø/ – [ø, ø:, œ]
	〈ü〉	/y/ – [y, y:, ʏ]
복(합)모음	〈ai〉	/aɪ/ – [aɪ]
	〈ei〉	
	〈ay〉	
	〈ey〉	
	〈au〉	/aʊ/ –[aʊ]
	〈eu〉	/ɔɪ/ –[ɔɪ]
	〈äu〉	
	〈oi〉	
	〈ou〉	/ɔʊ/ –[ɔʊ]

위 표를 보면 독일어문자와 소리표기문자인 국제음성기호 사이에 일대일대응관계가 형성되지 않는 것을 관찰할 수가 있다. 이는 독일어에서 – 의미를 구분 또는 분화하는 – 모음음소를 표기하거나 대응할 수 있는 표기문자의 숫자가 음소보다 적기 때문이다.[8]

8 또한, 독일어 음소들이 발음환경에 따라 예를 들면 (순행, 역행, 상호)동화현상[Assimilation] 및 약화현상[Reduktion]을 보이기 때문에 모든 소리들을 문자로 표기할 수 없다. 이런 현상을 극복하기 위해 변화된 소리를 포함하는 음소를 사선괄호 / /안에 전체-개념적인 층위에서 대표값으로 표기하고, 개별적인 현상에 따른 언어소리를 네모괄호 [ ]안에 표시한다. 따라서 / /안에 표기된 소리는 관련된 모든 소리, 즉 여러

모음표시문자는 단독 또는 다른 모음표시문자와 함께 입말모음의 길고 짧음과 강함과 약함뿐만 아니라, 소리영역인 음절(핵)을 표시한다. 또한, 아래에 나타난 그림에서 볼 수 있는 것처럼, 인간의 감정을 표시하는 연상기능은 물론 의성어를 표기하는 기능적 특성을 갖는다.

자연언어에서의 자음은 독립된 상태로 소리가를 실현하지 못하고, 언제나 모음과 함께 어울려야만 음가를 발현하는 소리단위를 말한다. 이들은 음절핵인 모음의 전후에 위치하여 음절구성을 다양화 한다. 독일어에서 사용되는 자음문자와 국제음성부호를 연계하면 다음과 같은 결과를 얻을 수 있다.

자음종류	독일어표기문자	국제음성기호 / /-[ ]
파열음	〈p〉 〈b〉 〈t〉 〈d〉 〈k〉 〈g〉	/p/ - [p] /b/ - [b] /t/ - [t] /d/ - [d] /k/ - [k] /g/ - [g]

형태의 변이형을 포함할 수 있음을 표시한다. 반면, [ ]안에 표시된 소리표기는 언어에서 실현되는 소리값을 표시한다.

자음종류	독일어표기문자	국제음성기호 / /-[ ]
마찰음	⟨f⟩ ⟨v⟩ ⟨w⟩ ⟨s⟩ ⟨sch⟩ ⟨ch⟩	/f/ - [f] /v/ - [v] /s/ - [s] /z/ -[z] /ʃ/ - [ʃ] /ç/ - [ç] /x/ - [x]
설측음	⟨l⟩	/l/ - [l]
비음	⟨m⟩ ⟨n⟩ ⟨ng⟩	/m/ - [m] /n/ - [n] /ŋ/ - [ŋ]

위의 도표를 통해 마찰음을 제외한 파열음과 설측음 그리고 비음의 경우 자음을 표기하는 문자와 발음기호간의 일대일대응이 이루어지고, 모음표시문자에서의 대응관계보다는 명료한 것을 확인할 수 있다. 이는 독일어의 자음표시문자는 국제음성기호와 동일하게 취급하는 경향으로 설명될 수도 있지만, 자음표시문자는 결합 및 조음환경에 따라 다른 소리를 표시하기도 한다. 파열음과 마찰음의 결합형태(각주 11 참조)는 파찰음으로 표시된다.

2.3 독일어소리 표기문자와 국제음성기호

독일어에는 어떤 소리가 나타나고, 이들이 어떻게 표기될 수 있는지를 지금까지의 논의만을 기반으로 독일어 알파벳 순서로 정리하고, 이들이 음절핵의 앞-뒤 어디에 나타나는지에 따라 구분한 후, 국제음성기호와 연계시키면 다음과 같은 결과(아래 2.4장 참조)를 얻을 수 있다.

표기문자		국제음성기호				
모음	자음	앞쪽	음절(핵) 강	약	복모음	뒷쪽
⟨a⟩			[a:]	[a]		
⟨aa⟩			[a:]			
⟨ah⟩			[a:]			
⟨ai⟩					[aɪ]	
⟨au⟩					[aʊ]	
⟨ay⟩					[aɪ]	
⟨ä⟩			[ɛ:]			
⟨äh⟩			[ɛ:]			
⟨äu⟩					[ɔɪ]	
	⟨b⟩	[b]				[p]
	⟨ch⟩	[ç][x][k][ʃ][ʧ]				[ç][x]
	⟨chs⟩					[ks]
	⟨ck⟩					[k]
	⟨d⟩	[d]				[t]
	⟨dt⟩					[t]
⟨e⟩			[e:]	[ɛ]		
⟨ee⟩			[e:]			
⟨eh⟩			[e:]			
⟨ei⟩			[aɪ]			
⟨eu⟩					[ɔɪ]	
⟨ey⟩					[aɪ]	

표기문자		국제음성기호		
모음	자음	앞쪽	음절(핵) 강 - 약 - 복모음	뒷쪽
	〈f〉 〈ff〉	[f]		[f] [f]
	〈g〉	[g]		[k][ç]
	〈h〉	[h]		[:]
〈i〉 〈ie〉 〈ieh〉			[i:] [ɪ] [i:] [i:]	
	〈j〉	[j][ʒ][dʒ]		
	〈k〉	[k]		[k]
	〈l〉 〈ll〉	[l]		[l] [l]
	〈m〉 〈mm〉	[m]		[m] [m]
	〈n〉 〈nn〉 〈ng〉 〈nk〉	[n]		[n] [n] [ŋ] [ŋk]
〈o〉 〈oo〉 〈oh〉			[o:] [ɔ] [o:] [o:]	
〈ö〉 〈öh〉			[ø:] [œ] [ø:]	
	〈p〉 〈pp〉 〈ph〉	[p] [f]		[p] [p] [f]
	〈qu〉	[kv]		

표기문자		국제음성기호		
모음	자음	앞쪽	음절(핵) 강 - 약 - 복모음	뒷쪽
	〈r〉 〈rr〉 〈rh〉	[R] [R]		[R][ɐ] [R]
	〈s〉 〈ss〉 〈sch〉	[z][z̥] [ʃ]		[s] [s] [ʃ]
	〈ß〉			[s]
	〈t〉 〈tt〉 〈th〉	[t] [t]		[t] [t] [t]
〈u〉 〈uh〉			[uː] [ʊ] [u]	
〈ü〉 〈üh〉			[yː] [ʏ] [yː]	
	〈v〉	[v][f][v̥]		[f]
	〈w〉	[v][v̥]		
	〈x〉	[ks]		[ks]
〈y〉			[yː] [ʏ]	
	〈z〉	[ʦ]		[ʦ]

우리는 독일어의 특정한 소리를 표기하기 위해 단독문자가 사용되거나 여러 문자가 함께 사용된다는 사실을 위 도표를 통해 다시 확인할 수가 있다. 특히, 모음은 물론 장애음중 파열음과 마찰음을 표기하는 문자의 경우에는 한 특정한 문자나 특정한 문자조합으로 독일어의

여러 소리를 표기하고 있는 것을 알 수 있다. 이런 현상은 다양한 언어소리를 표기하기 위해 사용되는 독일어문자가 제한되어 있기 때문이기도 하겠지만, 특정한 언어소리가 나타나는 환경에 따라 예를 들면 자음의 경우, 이들이 음절 핵을 표시하는 모음의 어디(앞 또는 뒤)에 오는가에 따라 변하는 독일어의 소리를 표기하기 때문이다. 따라서 문자를 통해 독일어소리를 재생해야 하는 우리의 관점에서 보면, 독일어 소리의 문자표기와 표기된 소리들이 어느 위치서 어떻게 변화하는지에 대한 이해가 필요하다.

위 도표를 중심으로 간략한 본질을 끌어내보면 : 독일어모음을 표기하는 문자는 〈a, aa, ah, ai, au, ay, ä, äh, äu, e, ee, eh, ei, eu, i, ie, ieh, o, oo, oh, ö, öh, u, uh, ü, üh〉등이고, 독일어 자음을 표기하는 문자는 〈b, ch, chs, ck, d, dt, f, ff, g, h, j, k, l, ll, m, mm, n, nn, ng, nk, p, pp, ph, qu, r, rr, rh, s, ss, sch, ß, t, tt, th, v, w, x, z〉등이다. 독일어소리인 모음 [a:]를 표기하기 위해 모음표기문자 〈a, aa, ah〉, [ɛ:]의 경우 〈ä, äh〉, [e:]의 경우 〈e, ee, eh〉, [i:]는 〈i, ie, ieh〉, [o:]는 문자 〈o, oo, oh〉, [ø:]는 〈ö, öh〉, 모음 [u]는 〈u, uh〉 그리고 [y:]는 문자 〈ü, üh〉를 사용해 표기된다. 우리는 여기에서 동일한 현상을 관찰할 수가 있는데, 이런 표기현상을 일종의 표기규칙으로 추출할 수 있다.

> 독일어 모음이 길게 발음되는 경우를 문자로 표기할 때는
> i 동일한 모음을 중복해서 사용하거나[9]
> ii 모음표시문자 다음에 문자 〈h〉를 첨가시킨다.
> (단, 〈i〉의 경우에는 문자 〈e〉를 첨가)

---

9 모음표시문자중첩 중에서 〈ee〉는 〈Schnee, Tee, See, Fee〉에서처럼 열린음절offene Silbe에 나타나고, 음절을 시각적으로 연장하는 기능을 한다. 〈aa〉, 〈ee〉, 〈oo〉는 〈Aal, Saal, Haar, Paar, scheel, Heer, Meer, Teer, leer, Moor〉에서와 같이 〈r〉과 〈l〉 앞

우리는 이런 규칙을 우리의 관점에서 거꾸로 '독일어에서 모음표기문자가 중복되어 나타나거나 모음표기문자 뒤에 〈h〉가 첨가되어 표기된 경우와 모음표기문자 〈i〉다음에 〈e〉가 첨가되면 해당 모음을 길게 소리화(발음)해야 한다'로 해석할 수도 있다.[10]

자음표시문자들도 예를 들어 〈ff, ll, mm, nn, pp, ss, tt〉, 〈ch, chs, ck, dt, ng, nk, sch, st, th〉 등과 같이 동일한 또는 서로 다른 문자들이 중첩-연결되어 독일어 자음을 표기하기도 한다. 이렇게 동일하거나 또는 다른 문자와 함께 결합해서 나타나는 자음표시문자들은 모음표시문자의 중첩사용과는 다른 경향을 보인다. 이런 경향을 특징적으로 기술하면 다음과 같다.

> 중첩된 형태로 사용되는 자음표시문자들은
> 각 개별문자로 대표되는 여러 소리들의 결합을 표시하는 것이 아니라,
> 독일어의 특정한 소리를 표시하거나,
> 이들 앞에 나오는 모음이 짧을 수 있음을 표시한다.[11]

에서 나타난다. 또한 모음길이를 표시하는 〈h〉가 나타나는 경우에도 나타난다. 또한 〈aa〉〈ee〉〈oo〉는 〈Staat, Saat, Maat, Beet, Boot〉에서와 같이 〈t〉 앞에서, 드물게는 〈Aas, Moos〉와 같이 〈s〉앞에서도 나타난다. 대부분 〈t〉와 〈s〉는 다른 자음과 함께 복잡한 종성을 형성하고 또 아들 앞에 나오는 모음은 짧기 때문에 〈t〉와 〈s〉 앞의 중복모음에 유의해야 한다. 각주 19) 참고.

10 하지만 〈Fuß〉-〈Faß〉의 경우처럼 장모음-단모음이 별도의 첨가문자 없이 표기되는 경우가 있기 때문에 일반화할 수 없는 어려움이 존재한다. 따라서 이런 사항은 별도 구분을 통해 분류하고 일반화하지 않도록 주의해야 한다. 각주 5 참고.

11 언어소리분류에서 비공명음인 장애음을 파열음, 마찰음, 설측음으로 구분한다(2.2 참고). 특히, 파열음과 마찰음이 결합하는 경우를 파찰음이라 한다. 독일어에는 [t]+[s]=[ts] 〈Zahn〉, [t]+[ʃ]=[tʃ] 〈Matsch〉, [p]+[f]=[pf] 〈Pferd〉 등이 이에 속한다. 최근 독일어 정서법에서 〈ss〉 대신에 사용하던 〈ß〉를 제한하는 경향을 보이는데(주석 5와 10 참조), 이에 기준을 두면 중첩 표기된 자음이 앞 모음의 짧음을 표시하는 기능의 일반화는 불가능하다.

독일어자음을 표기하는 문자들의 대부분은 국제음성기호에서 제시하는 해당기호와 일치하는 경향을 보인다. 하지만, 그 중 일부는 모음이 중심이 되는 음절 핵의 어느 부분에 접해서 나타나는지에 따라 다른 소리를 표기하기도 한다.[12] 예를 들어, 자음표기문자인 〈b, d, g〉는 모음으로 표기되는 음절 핵 앞에서는 [b, d, g]를 표시하지만, 음절 핵 뒤에서는 소리 [p, t, k]를 표기한다.[Auslautverhärtung] 또한 〈ch〉는 음절 핵 앞에서는 [ç], [x], [k], [ʃ], [ʧ]와 같은 소리들을 표기하지만, 음절 핵 뒤에서는 〈ch〉 앞에 어떤 소리를 표시하는 문자, 즉 어떤 언어소리가 오는지에 따라 [ç]와 [x]만을 표기한다. 문자 〈v〉는 음절 핵 앞에서는 [v], [y̥] 및 [f]를 표기하지만 음절 핵 뒤에서는 언어소리 [f]만을 표기한다. 자음은 일반적으로 모음의 전-후에 위치하지만, 모든 자음들이 그런 것은 아니다. 위의 도표에도 나타나듯, 모음 뒤에만 나타나는 자음을 표시하는 자음표시문자인 〈chs, ck, dt, ff, ng, nk, pp, rr, ss, ß, tt〉 등은 음절 핵의 앞쪽에는 나타나지 않는다. 이와는 반대로 음절 핵의 앞에서만 나타나는 소리를 표기하는 〈h, j, w〉 등은 음절 핵의 뒤쪽에는 나타나지 않는다.

독일어소리의 생성은 우선은 독일어소리의 조음규칙을 아는 것으로부터 시작된다. 독일어소리 조음에 대한 지식부족은 우리가 조음할 때 자신감을 잃고 우물우물 넘겨가는 발음형태로 이어질 수 있다. 이는

12 언어소리의 생성원리와 독일어에 나타나는 언어소리를 표기하는 독일어문자와 국제음성부호와의 상관관계를 기반으로 우리의 관점에서 다음과 같은 결과를 유추할 수 있다. 1. 우리말과 비슷한 음가를 지닌 독일어소리를 표시하는 문자를 우리말 문자와 비교하여 우리말처럼 조음해서는 안 된다. 2. 영어학습을 통한 영어음가와 국제음성부호 사이에서 생성된 소리표기문자지식을 독일어음가를 표시하는 독일어문자와 동일시해서는 안 된다. 이는 독일 언어소리를 생성할 때의 조음위치와 조음기관간의 불일치 그리고 적당하지 않은 조음방법 때문에 이해 가능한 독일어 발음이 불가능할 수도 있다. 또한 독일어의 특징적인 소리들을 표기하는 독일어문자를 독일어 소리로 재구성할 수 있는 능력이 약화될 수 있다.

음절강세주기와 억양주기에서도 불안한 형국을 초래한다. 잘못 연습된 독일어소리는 개념화 그리고 의미화 되어 두뇌에 기억되고,[Klangvorbild] 잘못된 조음과정을 통해 뇌에 저장된 소리는 연습량이 많으면 많을수록 교정이 어렵다.[13]

이를 극복하기 위해서는 조음위치와 조음기관과의 공조 그리고 조음방법과 같은 조음규칙은 물론 독일어소리와 소리를 표기하는 문자와 문자조합과의 관계를 이해하고, 이에 대한 확신을 가질 수 있도록 해야 한다. 이 과정에서 소리의 위치에 따른 동화현상과 그 조건 및 말음법칙[Auslautverhärtung]과 같은 발음규칙 등을 통한 소리변화, 음절모음의 긴장[gespannt]-이완[ungespannt] 및 장음[lang]과 단음[kurz]관계 그리고 강세 없는 끝음절에서의 모음약화현상,[Apokope] 음절강세 및 억양 등과 같은 독일어 소리생성규칙과 이를 적용한 조음실행이 가능해야 한다.

모음표기문자

독일어에는 [ɑ], [e], [i], [o], [u], [ɛ], [ø], [y]와 같은 단순모음이 사용된다. 이들을 표기하는 모음표시문자는 〈a, e, i, o, u, ä, ö, ü〉 등이다. 이들 간의 상관관계는 다음과 같다.

---

13 지금까지 우리의 소리지식으로 발음하기가 쉽지 않은 예를 들어 〈ä, ö, ü〉와 〈ch, chs, pf, qu, sch, ß, ts, tz, v, w, z〉 등과 같이 독일어의 특징적인 소리를 표시하는 문자 및 문자조합에도 주의를 기울여야 하지만, 영어 학습을 통해 알고 있는 〈a, e, i, o, u〉, 〈b, d, g, f, s, m, n〉 등과 같은 문자 또는 문자들의 위치에 따른 소리와의 연계 및 재생방법에 특별한 주의를 기울여야 한다. 독일어에 대한 사전지식이 없는 사람이 그렇지 않은 사람보다 정확한 독일어소리를 더 빠르게 익히고 동일한 연습량에서도 원어민이 더 잘 이해할 수 있는 독일어소리생성이 가능하다. 이런 현상은 독일어와 유사한 소리구조를 가진 모국어를 가진 사람보다도, 독일어와는 전혀 다른 언어구조를 가진 모국어를 사용하는 사람들이 더 독일어다운 독일어소리를 사용하는 경우에서도 찾을 수 있다(Rausch/Rausch, 1995:46-51).

모음	[ɑ]	[e]	[i]	[o]	[u]	[ɛ]	[ø]	[y]
문자	〈a〉	〈e〉	〈i〉	〈o〉	〈u〉	〈ä〉	〈ö〉	〈ü〉

단순모음과 표기문자는 일대일대응관계를 갖는다. 다음의 삼각형을 우리 “혀”라고 가정하고 모음을 발음하는데 사용되는 혀의 위치를 표시하면 다음과 같다.

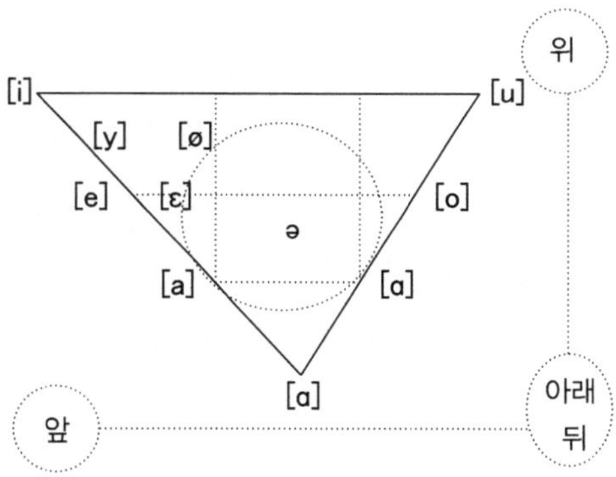

모음삼각도에서 아래/뒤쪽에 나타나는 모음들, 예를 들어 [ɑ, o, u] - 〈a, o, u〉를 어두운(음성)모음, 그리고 앞/위쪽에 나타나는 [i, e, ɛ, ø, y] - 〈i, e, ä, ö, ü〉 같은 모음들을 밝은(양성)모음이라 한다.

양성모음	[i, e, ɛ, ø, y]
음성모음	[ɑ, o, u]

양성모음과 음성모음의 구분은 몇몇의 독일어자음표시문자를 발음하는 것과 관련이 있다. 즉, 문자 〈e, i, ä, ö, ü〉로 나타내지는 양성모음 [i, e, æ, ø, y] 다음에 나오는 자음표시문자 〈ch〉, 즉 〈i**ch**, Re**ch**t, Fä**ch**er, Kö**ch**e, nü**ch**tern〉에서와 같은 환경에서의 〈ch〉는 [ç]로,[14] 문자

〈a, o, u〉로 표시되는 음성모음 [ɑ, o, u] 다음에 문자 〈ch〉가 낱말 〈a**ch**, Da**ch**, Lo**ch**, Bu**ch**〉와 같은 환경에서는 [x]로 실현된다.

양성모음 + <ch> ⇒ [ç], <i**ch**, Re**ch**t, Fä**ch**er, Kö**ch**e, nü**ch**tern>
음성모음 + <ch> ⇒ [x], <a**ch**, Da**ch**, Lo**ch**, Bu**ch**>

위 모음삼각도 안에 원안에서의 혀의 움직임을 중심으로 대강 원 밖의 혀 위치에서 발음되는 모음을 긴장모음이라 하고, 원 안에서의 혀의 움직임으로 인해 조음되는 모음을 이완모음이라 한다. 이런 긴장 - 이완모음의 상대적인 대비를 위 1.2에서 논의한 내용인 모음의 길이(장-단)와 턱의 열린-닫친 정도(열림 정도)를 연계시키면 다음과 같은 결과를 얻을 수 있다(Duden 4, 2009:28; Meinhold/Stock, 1982:80; Yeo, 2005:14 참조).

긴장 ↔ 이완		낱말예시	
길음 ↔ 짧음			
닫침 ↔ 열림			
[i:]	[ɪ]	^{e}Miete	^{e}Mitte
[y:]	[ʏ]	fühlen	füllen
[u:]	[ʊ]	^{r}Ruhm	^{r}Rum
[e:]	[ɛ]	^{s}Beet	^{s}Bett
[ø:]	[œ]	^{e}Höhle	^{e}Hölle
[o:]	[ɔ]	^{s}Mol	^{s}Moll
[ɑ:]	[a]	^{e}Bahn	^{r}Bann

14 문자 〈ch〉가 음절의 앞에 나타나는 경우에도, 그 앞에 자음 [l, ʁ, n]-〈l, r, n〉이 나오면, 〈ch〉는 [ç]로 실현된다.

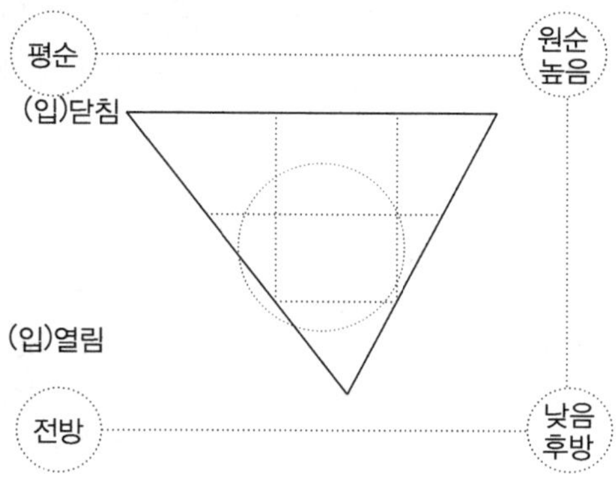

〈모음삼각도〉

참고 : 낱말들의 의미를 사전에서 찾게 되면 명사들은 남성, 여성, 중성 중에서 최소 한 한가지의 성을 갖는다. 도표에 나타나는 낱말 〈^{r}Bann, ^{e}Miete, ^{s}Beet〉 앞에 표시된 〈^{r}, ^{e}, ^{s}〉는 명사에 내재하는 명사의 세 가지 문법성, 즉 (문법)남성, (문법)여성 (문법) 중성을 표시하는 관사 〈der, die, das〉를 의미한다. 특히, 명사가 가지는 문법성은 자연적 분류인 남성과 여성 그리고 그 외의 성으로 표현되는 중성과는 아무런 관련이 없는 것으로 이해해야 한다. 따라서 〈^{r}Bann추방, ^{e}Miete임대료, ^{s}Beet화단〉과 같이 자연의 성과는 전혀 관련이 없는 의미를 표시하면서도 명사에 내재하는 명사의 (남성-여성-중)성을 표시하기 위해 사용되는 관사 〈der, die, das〉를 함께 학습하는 습관을 갖는 것이 의미가 있다.

위 도표는 긴장된 모음은 이완된 모음에 비해 길게 발음되고 입의 열림이 적음을 나타낸다. 또한 해당 모음이 포함된 낱말예시를 통해 위 2.3에서 논의한 내용, 즉 독일어 문자 표기에서 동일한 모음을 표기하는 문자가 중복해서 나타나거나, 모음표시문자 〈h〉가 첨가된 경우 그리고 모음표기문자 〈i〉에 모음표기문자 〈e〉가 첨가되어 나타나는 경우의 모음은 길게 발음되고, 자음표시가 중첩되는 경우의 문자들은 앞에 나오는 모음이 짧을 수 있음을 표시한다는 규칙을 다시 확인할 수가 있다. 이런 내용은 다음의 예시에서도 관찰이 가능하다. 우선 다음의 각 낱말에 나타나는 모음 및 자음표시문자들을 국제발음기호로 가상하고, 이들을 발음하는 것과 같은 방법으로 천천히 발음하고, 어색하거나 어려운 문자들에 밑줄을 긋고, 그 이유를 짧게 적어보자. 음절은 ‘ - ’로 구분했다.

a-ber,	ge-nug,	nur,
ach,	ges-tern,	oft,
al-le,	hal-lo,	Recht
als,	hin-ter,	rechts,
bald,	ich,	sechs,
bis,	in,	si-cher,
bloß,	im-mer,	so,
Buch,	ja,	sonst,
das,	je-der,	trotz,
dort,	jetzt,	um,
durch,	lan-ge,	un-ser,
e-ben,	laut,	un-ten,
elf,	links,	un-ter,
erst,	los,	von,
Fach,	man,	vor,
fast,	mit,	wa-rum,
fort,	mor-gen,	zu,
ganz,	nach,	zu-erst,
ge-gen,	ne-ben,	zu-letzt,
gern,	noch,	zu-recht

이유

-
-

독일어 모음 [ε/æ], [ø], [y]는 문자 〈ä, ö, ü〉로 표기되는데, 이는 모음 〈a, o, u〉를 변화시켜 만든 모음이라 하여 변모음[Umlaut]이라 한다. 변모음은 모음인 [a, e, i, o, u]-〈a, e, i, o, u〉 중에서 원래 전설모음인 [e]와 [i]를 제외한 [a, o, u]-〈a, o, u〉가 혀의 앞(전설)에서 발음되는 언어음으로 이해하면 된다. 문자표기도 〈ä, ö, ü〉와 같은 표기가 불가능할 경우 아래와 같이 변모음을 표시한다.

〈ä = a + e〉, 〈ö = o + e〉, 〈ü = u + e〉

변모음들은 우리말의 '애호박'에서의 '애', '외가'에서의 '외' 및 '위장'에서의 '위' 등에 나타나는 〈ㅐ, ㅚ, ㅟ〉와 비슷한 모음들이다. 특히, 우리말 방언에서 〈아기-애기〉, 〈고기-괴기〉, 〈욱이다-윅이다〉 등으로 변화되는 모음현상에서도 관찰이 가능한 소리들로 우리말에서는 복모음이지만, 독일어에서는 단모음이다. 이를 모음삼각도를 이용하여 관련된 소리와의 관계를 표시하면 다음과 같다.

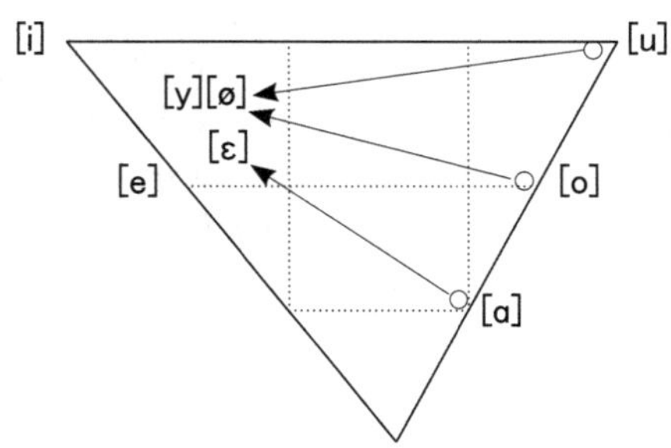

위의 그림에서는 모음 [ɑ], [o], [u]에서의 혀의 조음위치가 앞쪽으로 이동하면서 [ɛ], [ø], [y]로 변화하는 것을 관찰할 수 있다. 따라서 우리는 [ɛ], [ø], [y]를 입닫침현상이 동반되는 단모음으로 이해할 수 있다.[15]

15 따라서 우리는 [ɛ], [ø], [y]를 [ɑ, o, u]-〈a, o, u〉가 전설모음화한 소리로 이해할 수도 있다. 이들은 낱말예시에서도 볼 수 있듯, 2개 이상의 음절이 연속되는 경우에는 후설모음인 [ɑ], [o], [u]가 전설모음인 [e] 또는 [i] 모음을 포함하는 음절의 앞에서 [ɛ], [ø], [y]-〈ä, ö, ü〉로 뒤에 나타나는 모음과 비슷한 음가를 갖는 경우가 많다. 따라서 이는 바로 뒤따르는 전설모음과 같은 모음으로 변화하는 역행모음동화현상으로도 이해될 수도 있겠지만, 일반화된 현상은 아니다.

이런 독일어 변모음들과 비슷한 우리말 모음들도 존재하지만, 이들의 발음환경, 즉 이 소리들 앞-뒤에 나타나는 소리들이 우리말에서와 사뭇 다르게 때문에 실제 독일어 화용상황에서 이런 소리들을 정확히 구현하기란 쉽지 않다. 따라서 조음환경에 따른 조음위치와 조음기관의 연동에 따른 세심한 주의가 요구되는 소리라고 할 수 있다. 다음 낱말들을 천천히 읽고, 발음하기 어려운 낱말이나 발음하기 어색한 문자들에 밑줄을 긋고, 그 이유를 생각해서 적어두자. 읽기를 돕기 위해 음절을 ‘ - ’로 구분했다.

ab-wärts,	längst,
auf-wärts,	näm-lich,
Bü-cher	öf-ter,
dar-ü-ber,	plötz-lich,
für,	ü-ber,
fünf,	ü-ber-all,
ge-gen-ü-ber,	ü-ber-haupt,
Hän-de	vor-wärts,
hö-her	zwölf
hö-ren	

이유

-
-

독일어에서 소리 [aɪ]는 문자 〈ai, ei, ay, ey〉, [ɔɪ]는 문자 〈oi, eu, äu〉 그리고 모음소리 [aʊ]는 〈au〉, 장모음소리 [iː]는 문자〈ie, ieh〉 등으로 표시된다.[16] 즉, 소리 [aɪ]는 문자조합 〈ai/ei/ay/ey〉를 통해서 또 [ɔɪ]는

16 이것은 독일어 문자조합 〈ai, ei, ay, ey〉는 독일어 음소[Phonem]인 [ai]를 표기하기 위해 사용되는 문자소[Graphem]이고, 〈oi, eu, äu〉는 [ɔi/ɔʏ]를 그리고 〈ie, ieh〉는 [iː]를 표기하기 위해 사용되는 (문자조합)문자소라고 표현할 수도 있다. 특히, 한 음소를 다른 여러 문자소를 통해 표기하는 것을 변이표기[Allograph]라고 한다.

〈oi/eu/äu〉를 그리고 [aʊ]는 〈au〉 등의 문자를 통해서 시각화된 것으로 이해될 수 있다. 이렇게 별도의 모음을 합해서 나타나는 모음소리를 우리는 복(합)모음이라 한다.

독일어문자를 독일어소리로 전환해야하는 우리의 관점에서 보면, 독일어의 복모음을 표시하는 문자 〈ai, ei, ay, ey〉는 [aɪ]로, 〈oi, eu, äu〉는 [ɔɪ]로, 〈au〉는 [aʊ]로 그리고 〈ui〉는 [ʊɪ]로 발음해야 함을 의미한다. 이런 현상은 복(합)모음을 표시하는 문자결합들이 원래 각각의 모음문자가 표시하는 소리들의 결합가와는 다른 음가를 가질 수 있음을 의미한다. 예를 들어, 중복모음표시문자 〈ei〉와 〈ay〉 그리고 〈ey〉는 각각의 문자 〈e〉+〈i〉, 〈a〉+〈y〉 그리고 〈e〉+〈y〉가 갖는 각각 소리가의 합이 아니라, 문자 〈ai〉가 갖는 음가와 동일한 [aɪ]음가를 갖는다. 또한, 문자 〈eu〉와 〈äu〉 역시 각 문자의 표시값의 합이 아니라, 〈oi〉와 동일하게 [ɔɪ]로 이해하고 소리화해야 한다. 이를 독일어소리를 중심으로 모음삼각도에 복모음의 방향을 표시하면 다음과 같다.

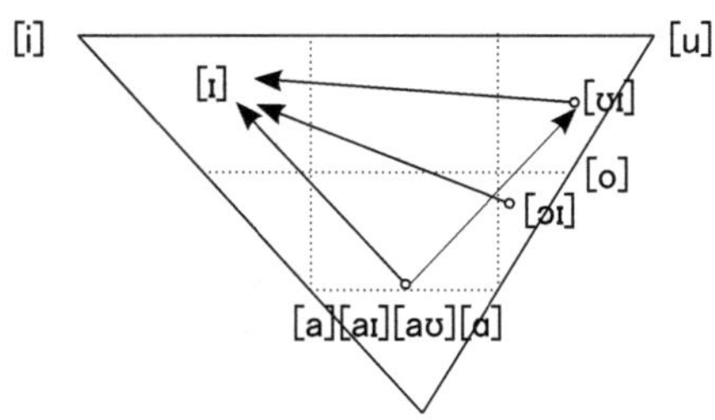

위 그림은 복모음과 그 형성과정에서 혀의 움직임을 보여준다. 여기에서 우리는 2가지 경향을 구분할 수 있다. [aɪ]와 [aʊ] 그리고 [ɔɪ]는 혀의 움직임이 아래에서 위쪽으로 움직이고 따라서 턱의 간격(입의 크기)가 큰 쪽에서 작은 쪽으로 이동하면서 발음된다. 즉, 입이 닫치면서 나는 소리로 이해할 수 있다. 그리고 첫 번째 모음이 두 번째 모음보다도 더 긴장정도가 높은 경향을 보인다. 이는 독일어 복모음의 운율특성을 결정하는 요소라고 볼 수 있다. 따라서 우리는 복모음표기문자 〈ai/ei/ay/ey〉, 〈oi/eu/äu〉, 〈au〉 등과 같이 모음이 중첩된 독일어 문자조합을 발음하는 경우에는 앞쪽모음은 뒤쪽모음보다는 강하게 뒤쪽모음은 앞쪽모음보다는 약하게 연이어 [aɪ], [ɔɪ], [aʊ]와 같이 소리냄으로써 독일어음가를 재현할 수가 있다.[17] 반면, [ʊɪ]는 혀의 뒤쪽에서 앞쪽으로 이동하면서 나는 복모음이기 때문에, 다른 복모음처럼 닫친 복모음이 될 수 없고, 원순모음에서 평순모음으로 이어지는 복모음 형태를 띤다.

두 개의 짧은 모음이 결합된 복모음은 다른 단순모음들과 마찬가지로 음절의 중심인 음절 핵을 이룬다. 우리가 모음을 통해 음절의 소리높이와 소리크기 및 소리음색 등의 언어음조를 형성하는 것과 같이 중복모음도 그런 기능을 갖는다. 이제 지금까지 논의한 내용, 단모음과 복모음 그리고 모음의 장-단을 중심으로 다음 낱말을 읽고, 이들에 나타나는 모음의 종류를 구분해보자. 발음하기 어려운 낱말이나 발음하기 어색한 문자들에 밑줄을 긋고, 그 이유를 적어두자. 음절은 ‘ - ’로 구분되어 있다.

auf,	aus,
aus-ein-an-der,	bay-risch,
bei,	bei-de,
da-bei,	eins,
ein-zeln,	häu-fen,
Häu-ser,	her-aus,
auf,	aus,

17 독일어에서 문자조합 〈ie, ieh〉는 문자〈i〉-[i]를 길게 발음하면 표준화된 [iː] 음가에 접근하게 된다. 하지만 〈Studie, Familie〉 등에서와 같이 라틴어를 근간으로 하는 외래어의 경우에는 낱말 끝에 나타나는 〈ie〉는 〈i〉와 〈e〉로 따로 구분해서 [ie]로 발음해야 한다.

aus-ein-an-der,	bay-risch,
bei,	bei-de,
da-bei,	eins,
ein-zeln,	häu-fen,
Häu-ser,	her-aus,
her-ein,	Heu,
heu-len,	heu-te,
Hey-er,	hier,
hier-her,	hin-aus,
hin-ein,	kein,
kein-e,	kein-er,
keins,	mei-stens,
Mey-er,	neun,
nie,	nie-mand,
nie-mals,	seit,
sie-ben,	viel,
viel-e,	viel-leicht,
weil,	wie,
wie-der,	zu-viel,
zwei	

이유

장-단모음의 문자표기

위 모음표기문자에서도 논의했듯, 독일어에서 모음은 장모음과 단모음의 두 종류가 있다. 이들의 문자표기를 도표화하면 다음과 같다.

표기문자	⟨a⟩	⟨e⟩	⟨i⟩	⟨o⟩	⟨u⟩	⟨ä⟩	⟨ö⟩	⟨ü⟩
장모음	[ɑː]	[eː]	[iː]	[oː]	[uː]	[ɛ/æ]	[ø]	[y]
단모음	[a]	[ɛ]	[ɪ]	[ɔ]	[ʊ]	[ɛ]	[œ]	[ʏ]

독일어 소리낱말에서 모음의 장-단은 낱말의미를 변화시키는 요인, 즉 낱말을 구분하는 의미요소로 작용한다. 그럼에도 불구하고, 위 도표는 독일어에서 장-단모음을 표기하기 위한 특정한 표기문자가 존재하는 것이 아니라, 한 개의 표기문자가 독일어의 장모음과 단모음을 동시에 표기하고 있음을 보여준다. 이런 이유에서 독일어에서 모음의 장단은 다양한 문자조합으로 나타나고, 또 이 때문에 이를 장-단에 따른 긴장-이완모음을 체계적으로 구분해서 일관적으로 파악하고, 이를 정확히 익히기란 쉽지 않다(Yeo, 2005:15-17). 따라서 독일어 낱말과 음절에 나타나는 어간모음의 길이와 이에 따른 음소[Phonem]의 질[Qualität]과 양[Quantität]에 따라 서로 다른 소리들은 처음부터 각별히 유념해서 소리화하는 연습과 이를 통한 발음습관을 체화해야 한다. 특히, 이미 의미를 알고 있는 낱말의 모음과 그 장-단 그리고 이에 해당하는 문자표시를 꼼꼼히 익혀 나가야 한다. 예를 들어, /ɑ/-/ɑ:/<bannt>-<bahnt>, /ɛ/-/ɛ:/<schellen>-<schälen>와 같은 음소의 양에 따른 구분은 물론, /i:/-/ɪ/<Kiepe>-<Kippe>, /e:/-/ɛ/<Beet>-<Bett>, /u:/-/ʊ/<spuken>-<spucken>등과 같이 음소의 질과 양에 의해 대비쌍을 이루는 낱말들을 통해 나타나는 소리들을 구분할 수 있도록 해야 한다. 이를 위해 아래 낱말 쌍을 읽어가면서 모음의 장-단을 표시하는 문자를 추정해서 밑줄을 치고, 위 도표에서 대비되는 모음을 찾아 적어보자.

bie-ten	-	bit-ten,	O-fen	-	of-fen,
dam	-	Damm	Soh-le	-	sol-le,
füh-len	-	fül-len,	Sta-at	-	Stadt,
He-er	-	Herr,	Stahl	-	Stall,
Höh-le	-	Höl-le,	Star	-	starr,
ih-nen	-	in-nen,	steh-len	-	stel-len,
Keh-le	-	Kel-le,	wen	-	wenn,
lahm	-	Lamm,	wir	-	wirr
Mie-te	-	Mit-te,			

위의 예시를 살펴보면서 다행인 것은, 우리도 위와 같은 낱말대비를 통해 비록 제한적이긴 하지만 어느 정도까지는 분석적으로 모음의 장-단을 표기하는 체계를 추정할 수 있다는 것이다. 위의 낱말 쌍을 살펴보면 왼쪽 낱말들이 길게, 오른쪽 낱말들이 짧게 발음되는 모음을 표시하는 것을 알 수 있다. 이를 뒷받침하는 근거를 우선 두 가지로 정리하면 다음과 같다.

1	모음문자에 다른 문자 <aa, ee, ie, en, ar, er, ir, ah, eh, ih, oh, öh> 등을 이용한 직접적인 표시를 통해 그 모음이 장모음임을 표시한 경우
2	모음문자 뒤에 <dt, ll, rr, nn, mm, tt>와 같은 중복자음을 통해 그 앞 모음이 단모음임을 표시[18]

제한된 예시를 통해서 우리는 모음의 장-단이 특정한 문자조합을 통해 표시되어 있다는 사실을 확인할 수 있다. 우리의 관점에서 보면, 특정한 모음문자 뒤에 <dt, ll, nn, mm, rr, tt> 등과 같이 자음이 겹쳐 나오면, 음절 핵을 이루는 앞 모음이 짧을 수 있다는 내용은 상대적으로 간략하다. 그럼 장모음은 어떻게 표시될까? 이를 위해서 우리는 위 도표의 1항에서 장모음을 표시하는 문자조합인 <aa, ee, ie, en, ar, er, ir, ah, eh, ih, oh, öh>의 조합종류와 특성을 구분한 결과, 장음표시는

- <aa, ee>처럼 장모음표시가 동일한 모음문자로 중첩 표시된 경우[19]

---

18 언어학논의에서 동일자음철자중복은 그 앞 모음길이에 대한 표시가 아니라 음절구조, 즉 음절관절[Silbengelenk] 표시를 통한 음절구분과 관련이 있다(Duden 4, 2009:77ff). 즉, 음관절을 표시하는 동일중복자음은 단모음 뒤에서만 나타난다. 이런 관점에서 보면, 중복자음을 통한 앞 모음의 장단표시는 부차적인 효과로도 이해될 수 있다.

19 아이젠베륵은 모음표시문자가 중첩되어 나타나는 경우는 어차피 모음이 길게 발음되는 경우에만 가능하다. 따라서 중첩된 모음표기문자는 모음의 길이를 표시하는 것이 아니라, 읽기를 편하게 하거나 시각적인 음절길이의 균형을 맞추는데 목적

- 〈ah, eh, ih, oh, öh〉처럼 장모음표시가 문자 〈h〉첨가로 표시된 경우
- 장모음표시가 〈ie〉로 된 경우
- 〈en, ar, er, ir〉처럼 장모음표시가 확실하지 않지만 길게 판단되는

경우로 분류된다. 이에 해당하는 낱말을 위의 예시 낱말 쌍 안에서 다시 찾아 그 특성에 따라 정리하면,

- 장모음표시가 동일한 모음문자로 중첩되어 표시된 경우는 그리 많지 않고,
- 문자 〈h〉첨가로 장모음이 표시된 경우는 동일 모음문자 중첩표기보다 빈번하고
- 장모음표시문자 〈ie〉가 〈h〉로 장음표기되는 경우는 〈ih-nen〉에서만 나타나고,

이 있다고 한다. 그에 의하면 모음표시문자중첩 중에서 〈ee〉는 〈Schnee, Tee, See, Fee〉에서처럼 열린음절에 나타나고, 음절을 시각적으로 연장하는 기능을 한다. 〈aa〉, 〈ee〉, 〈oo〉는 〈Aal, Saal, Haar, Paar, scheel, Heer, Meer, Teer, leer, Moor〉에서와 같이 〈r〉과 〈l〉 앞에서 나타난다. 또한 모음길이를 표시하는 〈h〉가 나타나는 경우에도 나타난다. 또한 〈aa〉〈ee〉〈oo〉는 〈Staat, Saat, Maat, Beet, Boot〉에서와 같이 〈t〉 앞에서 드물게는 〈Aas, Moos〉와 같이 〈s〉앞에서도 나타난다. 대부분 〈t〉와 〈s〉는 다른 자음과 함께 복잡한 종성을 형성하고 또 아들 앞에 나오는 모음은 짧기 때문에 〈t〉와 〈s〉 앞의 중복모음에 유의해야 한다(Duden 4, 2009:74 참고). 언어화용의 입장에서 보면 - 언어이론 배경적 근거야 어떻든 - 중복모음문자표기는 길게 소리화해야 한다. 하지만, 〈ii, uu〉는 문자형태 때문에 반복해서 사용될 경우 독자가 시각적인 오류를 일으킬 우려가 있기 때문에(Duden 4, 2009:74) 또는 〈i〉와 〈u〉가 이미 〈mein〉과 〈Haus〉에서처럼 중복모음을 표기할 때에 이미 두 번째 성분으로서 기능을 점유하고 있기 때문에 중복 수용이 불가능하고 이 때문에 사용되지 않는다(Neef, 2005:165)고 제시하고 있다. 또한, 〈ä〉, 〈ö〉, 〈ü〉의 중복불용, 즉 〈ää〉, 〈öö〉, 〈üü〉의 중복되어 사용되지 않는 것에 대한 논의는 '중복수용불가'에 대한 논의는 아직도 진행 중이다. 우리의 관점에서는 동일모음을 이용한 소리표기를 음절로 구분할 것인가에 대한 결단이 필요하게 된다. 이 부분에 대한 논의는 아래의 '음절경계[Silbengrenze]'에서 논의하도록 한다.

- 장모음표시가 확실하지 않지만 길게 판단되는 경우의 대부분은 열린(음절이 모음으로 끝나는) 음절과 〈m, n, l, r〉과 같은 공명자음 및 유음이 음절의 마지막부분(종성)을 이루는 것을 확인할 수 있다.

장모음의 특징

위의 낱말예시에서 살펴본 것처럼, 비슷한 발음환경에서 음절모음의 길고-짧게 발음된 독일어 낱말 쌍들은 서로 다른 의미를 갖는다. 문자로만 보면 길게 발음되어야 하는 모음표시가 명확하지 않지만, 길게 발음되는 모음의 경우는 음절구조 또는 뒤따르는 자음의 유성 정도와 밀접한 관련을 갖는다. 이에 관한 내용은 독일어 음절부분에서 더 자세히 논의하기로 하고, 여기에서는 우선 장모음을 표시하는 문자조합의 특징을 예시를 통해 구체적으로 정리하면 다음과 같다.

- 〈a, e, o〉의 장음은 아래예시와 같이 동일문자의 반복으로도 표시된다.

A-al,	Me-er,
Ha-ar,	Se-e,
Ma-at,	Te-e,
Pa-ar,	Schne-e
Sa-al,	Bo-ot,
Sa-at,	do-of,
Wa-a-ge,	Mo-os,
Kle-e,	Mo-or,
le-er,	Zo-o

하지만, 〈i〉와 〈u〉의 중첩문자 〈ii〉, 〈uu〉와 변형모음을 표기하는 문자 〈ä〉, 〈ö〉, 〈ü〉는 반복해서 표기되지 않는다(각주 19 참고).

Sa-al - Sä-le, Pa-ar - Pär-chen, Bo-ot - Böt-chen

〈a〉, 〈o〉, 〈u〉의 변형모음을 표기하는 문자 〈ä〉, 〈ö〉, 〈ü〉와 그리고 〈au〉를 기저로 변화하는 〈äu〉는 아래예시와 같은 특징을 근간으로 해당낱말의 품사와 수를 바꾼다는 의미에서 변화된 것으로도 이해될 수 있다.

Sa-che - säch-lich,	Fluss - Flüs-se - flüs-sig,
lach-chen - lä-cher-lich,	Haus - Häu-ser,
wa-chen -Wäch-ter,	Schaum - Schäu-men,
flach - Flä-che - flä-chig,	laut - läu-ten,
Not - Nö-te - nö-tig,	Braut - Bäu-ti-gam

그러나 변형모음을 표기하는 문자 〈ä〉, 〈ö〉와 〈ü〉 그리고 〈eu〉는 낱말의 종류(품사)나 낱말의 단수-복수의 변형과는 관계없이 아래 예시와 같이 독일어 소리만을 표시하는 문자형태만으로도 나타나기 때문에 위에서 관찰할 수 있는 특징을 일반화하기에는 무리가 있다.

Bär,	Höl-le,
trä-ge,	dünn,
Krä-he,	Mü-hle,
Lärm,	blü-chen,
Ge-län-der,	Leu-te,
schön,	Eu-le,
Föhn,	heu-len

■ 문자 〈h〉를 이용해서 장음을 표기한다.

Bahn,	deh-nen,	fröh-lich,
fah-ren,	sehr,	Söh-ne,
Hahn,	zehn,	Löh-ne,

Jahr, nah, Rah-men, wahr, Zahl, Zahn, ähn-lich, wäh-len, wäh-rend, be-feh-len, mehr, feh-len, neh-men,	ihr, ihr-es, ihm, ihn, ih-nen, froh, oh-ne, Sohn, Stroh, wohl, Lohn, woh-nen, Koh-le,	ge-wöhn-lich, Uhr, Huhn, steh-len, Stuhl, Ruhm, blüh-en, füh-ren, kühn, Müh-e, früh, füh-len

<h>는 대부분 음절 끝과 공명자음인 비음과 유음을 표기하는 문자 <m, n, l, r> 앞에 나타나고, 다른 자음 앞에는 거의 나타나지 않는다. 특히, 예를 들어 <neh-men - nahm - ge-nom-men>와 같이 공명음이 중복철자를 형성하여 음절관절[Silbengelenk]을 이루는 경우에는 나타나지 않는다(Duden 4, 2009:76-78).

- <i>의 장음은 <h>를 추가해서 <ihr, ihres, ihm, ihn, ihnen>과 같이 표기하는 경우는 드물고, 대부분 <e>를 추가한 <ie>를 이용해서 표기된다.

die, Diens-tag, die-se, Fie-ber, Frie-den, Ge-biet, hier,	Krieg, lieb, Lie-be, Lied, lie-gen, Mie-ter, sie,	Sieg, sie-ben, Spiel, viel, wie, Ziel

■ 장음 〈ie〉에 〈h〉를 추가해서 〈-ieh〉의 형태를 통해 〈i〉의 장음을 표시하는 한음절 낱말은 〈Vieh〉가 유일하지만, 낱말 또는 음절 안에 〈-ieh-〉를 포함하는 형태는 자주 나타난다.

flieh-en, zieh-en, ge-schieht,	sieht, emp-fliehlt

■ 낱말 끝에 나타나는 〈i〉의 장음표시는 항상 〈ie〉를 통해 표시된다.

nie, Knie,	so-wie, schrie

모음의 길이

위의 논의에 의하면 음절모음의 길이는 낱말의미 변화를 유도하는 음소[Phonem]기능을 한다. 그럼에도 불구하고 발음된 독일어 모음의 장-단은 개인의 언어습관 및 조음구조의 특성에 따라 다를 수 있다. 따라서 우리는 모음의 길이는 절대적인 것이 아니라 상대적인 것으로 이해해야 한다. 이런 관계 속에서도 모음의 상대적인 조음기준을 바탕으로 개인적인 틀을 일정하게 구성하고 이를 벗어나지 않도록 해야 된다. 이를 위해서는 독일어 장음을 자신의 일상적인 우리말 발음속도와 일치하도록 조절하고, 이에 따라 일관성 있게 조음하는 연습이 필요하다. 우선, 모음 길이를 연습하기 위한 다음의 낱말들을 자신의 우리말 속도로 읽자. 그리고 짧은 모음을 표시한 문자와 긴 모음을 표시하는 문자와 소리를 구별해서 자신의 발음속도와 연계해보자.

al-le - A-a-le,	Lamm - lahm,
Bet-ten - be-ten,	Rat-te - ra-ten,
fül-len - füh-len,	satt - sa-at,
Gramm - Gram,	still - Stiel,
hof-fen - Hof,	stel-len - steh-len,
kann - Kahn,	wirr - wir

이를 통해 우리는 앞에 있는 낱말들의 첫 모음이 짧게 발음되는 모음을 표시한다는 것을 확인 할 수 있다. 이제 아래의 또 다른 예시낱말들을 발음하면서, 길게 발음되는 모음을 아래 도표에 나타나는 유형으로 구분해서 해당영역에 적고, 또 다른 특성을 위에서 논의한 내용중심으로 정리하자.

장모음이 동일한 문자의 중첩으로 표시된 경우	장모음이 문자 <h>의 첨가로 표시된 경우	장모음이 문자 <ie>로 표시된 경우	장모음 표시가 확실하지 않은 경우

A-a-le,	ih-nen,	sie-den,
Bie-ne,	Kahn,	Söh-ne,
be-ten,	lahm,	Stil,
Da-me,	Lohn,	Stiel,
dir,	O-fen,	steh-len,
e-ben,	Mär-chen,	süd-lich,
Ei-gen-tum,	Me-er,	Ver-kehr,
Fäh-re,	Rad,	ver-wöhnt,
füh-len,	ra-ten,	Wa-a-ge,
füh-ren,	röt-lich,	wir,
Gram,	Ruhm,	Wut,
Hof,	Sa-at,	Zahl

이를 통해 우리는 독일어에서는 길게 발음되어야 하는 모음이 문자를 통해 표시가 되어있는 반면에 특별한 표시 없이 길게 발음되는 모음들이 있다는 사실을 다시 확인할 수 있다. 그렇다면 어떻게 특별한 표시가 없이 길게 발음되는 모음들을 짧게 발음되는 모음들과 구별할 수 있을까? 이것이 바로 우리가 극복해야 하는 특별한 과제중의 하나다.[20] 이는 특히 독일어로 유입된 또는 유입되고 있는 대부분의 외래어가 원어에 가깝게 표기하고 발음되는 경향과 이들이 원어에 가깝게

20 장모음과 단모음을 표시하는 모음문자표기의 특성에 따른 논의들은 독일어를 배우는 과정에서 반드시 극복해야하는 문제를 해결하는데 도움을 줄 수 있음은 분명하다. 하지만, 이들을 모든 음절영역에 적용해서 일반화 할 수 없다. 특히, 우리말에 모음 장-단을 통해 의미가 변화되는 낱말들이 거의 단음절 낱말에 제한되고, 또한 다음절 낱말들이 모음의 장-단에 의한 의미구분보다도 맥락에 따라 그 의미가 분명하게 구분되기 때문에, 우리는 모음의 장-단에 대한 개념이 약하다. 이 때문에 우리들에게 이들은 특별한 극복과제로 부각되고 그래서 특별한 주의가 더 요구된다. 아무튼 이외의 여러 가지 이유에서 독일어를 길게 또는 짧게 발음해야 하는 곳에서 그렇게 발음하는 능력, 그것도 문자중심 독일어를 대하면서 특별한 표시 없이 길게 발음되는 독일어 모음들을 식별해내기란 쉽지 않다. 실제 독일어를 유창하게 사용하는 전문가도 경우에 따라 독일어 장-단음발음의 오류를 범하는 것도 사실이다.

특별한 표시 없이 길게 발음하는 현상 등에서도 기인한다고도 할 수 있다.[21] 독일어에 유입되어 사용되는 외래어가 특별한 표시 없이 길게 발음되는 모음은 대부분 음절구조와 음절에 나타나는 비음 그리고 유음과 밀접한 관계가 있다. 독일어에 나타나는 외래어들을 기본모음을 중심으로 구분하면 다음과 같다.

- ⟨a⟩ - Ska-la, Ra-dio, Kom-men-tar
- ⟨e⟩ - Mag-net, Si-re-ne, The-ke
- ⟨i⟩ - Ka-min, Kri-se, Sa-ti-re
- ⟨o⟩ - A-tom, Glo-bus, tro-pisch
- ⟨u⟩ - Mi-nu-te, Ku-vert[ku'veːɐ], Kul-tur
- ⟨ü⟩ - Tri-bü-ne, Ka-nü-le, E-tü-de[e'tyːdə]

독일어에 나타날 수 있는 모음을 국제음성기호에 따라 구강단면에 표시(Maas, 1992:383; Maas, 1999:153)하면 다음과 같다.

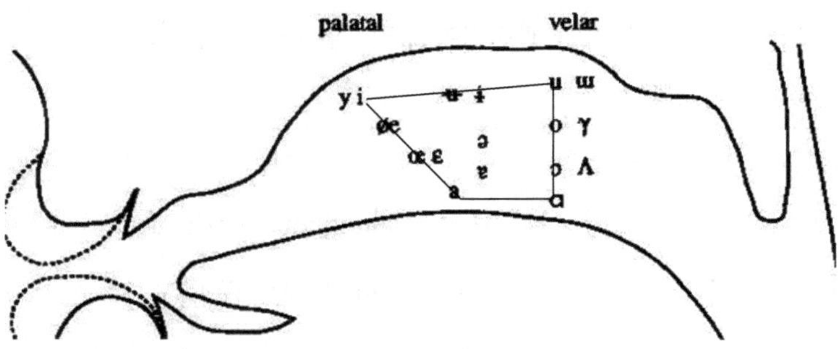

21 현재 우리의 독일어 지식 정도에서 어떤 낱말이 외래어에서 유래했는지 또는 어떤 낱말이 독일어 토종낱말인지 구분하기란 어렵다. 그럼에도 불구하고, 처음부터 독일어 모음의 장-단에 관한 경험을 꾸준하게 쌓아가고, 특별한 표시 없이 길게 발음되는 모음을 포함한 외래어 낱말들을 하나씩 하나씩 익혀간다면 충분히 극복할 수 있다고 본다. 이런 극복방법이 -우리의 입장에서는- 답답하지만 최선이다.

자음표기 문자

위에서 우리는 언어소리를 공명음과 비공명음으로 분류했다. 공명음은 공명체인 구강과 비강에서 기류가 방해 없이 통과하면서 나는 구강공명음과 비강공명음으로 구분했고, 이와는 반대로 조음위치와 조음기관을 통하는 기류가 특정한 장해요소를 갖으면서 생성되는 소리를 장애음, 즉 공명음의 반대개념인 비공명음으로 구분했다. 특히, 우리는 구강공명음을 모음이라하고, 비강공명음과 장애음을 자음으로 구분했다. 따라서 지금까지 논의에 의하면 자음에는 비음과 장애음이 속한다.

독일어 장애음은 구강의 중심선 상에서 좁혀지거나 닫침과 열림의 반복을 통한 조음기류 변화를 통해 생성되는 소리로 공명음과 달리 음절 핵을 이룰 수 없고, 따라서 음절의 장단과 억양 등에 영향을 미치지 않는다. 이에는 파열음과 마찰음 그리고 파(열마)찰음 및 유음 등이 속한다.

자음소리와 이들을 표기하는 표기문자와 함께 연계시키고, 이들을 표시하는 독일어 문자와 관련지어 정리하면 다음과 같다.

독일어문자	소리표기	발음환경 및 실례
<p>	[p]	^{s}Pult, ^{e}Pleite, scheppern, grub
<t>	[t]	^{s}Tal, retten, ^{r}Start, ^{r}Wald
<k>	[k]	kalt, ^{r}Kuchen, zwicken, ^{r}Fuchs, ^{r}Tag
<qu>	[kv]	^{e}Qual, ^{e}Qualle
<b>	[b]	bunt, ^{r}Besen, ^{e}Gabel, ^{e}Krabbe
<d>	[d]	^{r}Dom, danke, edel
<g>	[g]	gehen, vergessen, ^{e}Gunst

독일어문자	소리표기	발음환경 및 실례
〈f〉	[f]	^{r}Fisch, fressen, ^{r}Vogel, ^{e}Strafe
〈ß〉	[s]	^{r}Ruß, heiß
〈sch〉	[ʃ]	$^{r/s}$Schrot, schwierig, ^{r}Stuhl, sparen
〈ch〉	[x]	wach, ^{r}Bach, ^{s}Buch, lochen, ^{e}Frucht
〈w〉	[v]	^{r}Wind, ^{s}Wetter
〈s〉	[z]	^{e}Sonne, besuchen
〈j〉	[j]	^{s}Jahr, ja, ^{e}Jagt, ^{r}Jammer
〈h〉	[h]	^{r}Hut, ^{s}Haus, ^{r}Uhu, verheiratet
〈m〉	[m]	^{s}Mus, ^{e}Maus, kommen, kam
〈n〉	[n]	^{e}Not, nett, können, ^{r}Bann
〈ng〉	[ŋ]	^{r}Ring, lang, ^{e}Wange
〈l〉	[l]	^{e}Luft, lachen, ^{r}Stall, also
〈r〉	[ʁ]	^{r}Ring, rot, berechnen, zerren
〈z〉	[t^{s}]	^{r}Zahn, zwei, reizen, ^{e}Katze, ^{r}Platz

위의 도표는 어떤 독일어자음표기문자와 어떤 독일어자음소리와 연계되어 있는지를 예시로 보여준다. 위 도표에서 보여주는 독일어 자(음)음소를 표시하는 문자, 즉 자소^{Graphem}는 〈p, t, k, qu, b, d, g, f, ß, sch, ch, w, s, j, h, m, n, ng, l, r, z〉 등이다.[22] 자음표시문자 또는 문자

22 자음음소에 대해서는 Duden 4, 2009:67 참고. 문자결합이 음소를 표시하는 자소로 구분하는 방법은 여러 가지가 있으나 일반적으로 문자결합의 교체로 인해 의미변화가 되는지와 외래어에 사용되는지 여부에 따라 구분한다. 따라서 예를 들어 〈fein 섬세한〉:〈rein순수한〉:〈mein나의〉:〈Sein존재〉:〈schein외관〉의 대비를 통해 자음표시

조합인 〈p, t, k, b, d, g, m, n, ng〉들은 국제 음성 기호와 연계해 발음해도 무리가 없는 것으로 이해될 수 있지만, 독일어 유음표시문자인 〈l, r〉–/l, R, ʁ/와 마찰음을 표시하는 〈s, w〉–/s, z, v/ 그리고 파열음과 마찰음의 결합을 표기하는 파찰음을 표시하는 〈z〉–/t^{s}/, 그리고 〈ch, sch〉–/ç, ʃ/ 같은 문자조합들을 독일어소리로 전환할 때는 유의해야 된다. 이는 예시 〈^{f}Pfeil, pflegen, ^{e}Pflicht〉와 〈^{f}Vater, veralten〉 등에서처럼 〈pf〉나 〈v〉로 표시되는 독특한 독일어 자음소리도 있지만, 독일어 표기 방법이 독일어권에서 사용되는 모든 소리를 아우르는 일대일규칙이 있는 것이 아니라, 혼합된 형태로도 나타나기 때문에 경우에 따라(예: 〈ch〉–/ç/→[ç]/[x]) 별도로 다루어져야 한다. 특히, 독일어에서 사용되는 낱말, 예를 들어 〈Vater〉와 〈Vision〉 중에서 어떤 낱말이 외래어에서 유래했는지 또는 어떤 낱말이 독일어 토종낱말인지 구분하기가 우리의 입장에서는 쉽지 않기 때문에, 문자 〈f〉를 [f] 또는 [v]중에서 어떤 발음을 선택해야 하는지도 쉽지는 않다. 이런 이유에서 자소와 음소의 연계를 보여주는 위 도표에는 나타나지 않는 문자표기 〈c, v, x, y〉와 〈ph, rh, sh, th〉 등은 독일어 자음을 표시하기 위해 사용되기보다는, - 우선은 외래어에서 유입되어 독일어처럼 사용되는 외래어 자음들을 표기하기 위한 문자로 이해하기로 하고 아래에서 개별예시를 중심으로 논의하기로 한다.

우리말의 종성문자조합인 〈ㄶ, ㄻ, ㅄ〉 등에서 볼 수 있는 것처럼 독일어에서도 특정한 소리를 표시하기 위해 자음을 표시하는 문자

문자 〈f〉:〈r〉:〈m〉:〈s〉:〈sch〉는 독일어 자음을 표기하는 자소로 평가될 수 있다. 위의 도표의 예 〈sch〉, 〈ch〉, 〈ng〉에서도 유추할 수 있는 것처럼 여러 개의 문자조합이 독일어 자음 [ʃ], [x], [ŋ]을 표기할 수 있다. 일반적으로 모든 문자가 해당 음소를 나타내는 것은 아니고, 또 이들이 일대일 대응을 보이는 것은 아닌 것으로 이해되고 있다. 이에 대한 논의와 해당 문헌에 대한 평가 및 학습문제점에 관한 상론은 Yeo(2005:52-57,103-105)를 참고하기로 하자.

들이 중첩되어 사용되기도 한다. 예를 들어 〈Deutsch, Kopf〉에서와 같이 〈-tsch, -pf〉 등은 복합자음소리인 [tʃ], [pf]를 표시하기 위해 사용된다. 이렇게 중첩해서 사용된 자음표시 문자들은 원래의 음가와는 다른 음가를 갖는 경우와 대표 음가를 갖는 경우, 그리고 위치에 따라 음가를 달리하는 경우가 있다. 예를 들면, 〈sprechen, Stein〉의 〈sp-, st-〉처럼 각 문자조합이 그들의 음가를 표시하는 국제음성기호의 조합인 [s]+[p]와 [s]+[t]와 비교해볼 때 이들과는 다른 음가인 [ʃp]와 [ʃt]를 표기한다. 또한, 〈Stadt〉에서의 문자조합 〈-dt〉는 대표음가인 [t]만을, 〈b, d, g〉등은 위치에 따라, 특히 음절의 끝에서 원래 유성자음인 [b, d, g]가 무성인 [p, t, k]로 변화하기도 한다. 따라서 독일어 낱말이나 문장에서 이런 문자(조합)들을 접하면 이들의 소리언어적인, 즉 입말표현을 위한 소리값에 주의를 기울여야 한다. 아래에서는 이런 내용을 -우리 관점에서- 독일어에서 사용되는 낱말에 나타나는 자음표시 문자를 중심으로 논의한다.

- 〈b, d, g〉는 일반적으로 국제음성기호인 [b, d, g]의 음가를 갖는다. 하지만 이들이 낱말이나 음절의 끝에 나오면 〈b〉는 [p]의 음가를, 〈d〉는 [t]의 그리고 [g]는 [k]의 음가를 갖는다. 이런 현상을 끝소리(말음)강화현상[Auslautverhärtung]이라 한다.

halb, des-halb, wes-halb, Weib	Hand, Land, nie-mand, Rad, wäh-rend,	arg, Tag, Teig, Weg

- 〈ck〉로 표기된 독일어 문자는 [k]를 대표소리로 취한다. 지금까지 〈ck〉는 〈c-k〉로 떼어 쓰지 않고, 떼어 쓰는 경우에는 〈k-k〉로 사

용했다. 하지만 새로운 정서법에 따라 〈ck〉는 한 단위로 인정하고, 줄을 바꿔써야 하는 경우, 다음 줄로 함께 이동한다. 따라서 아래 예처럼 한 단위로 여겨지는 〈ck〉가 음절경계에 나타나는 경우, 이를 떼어 쓰지 않고, 즉 〈Be-cken〉으로 구분해야 하지만, 여기에서 우리는 〈c〉와 〈k〉를 동일자음으로 보고 앞-뒤 음절을 빠르게 붙여 〈Bek-ken〉으로 발음하면 무리가 없는 것으로 이해를 하도록 한다 (아래 3.3 음절경계와 경계변화 참조).

Bec-ken, Bec-ken-rand, dick, druc-ken, drüc-ken, duc-ken,	Ec-ke, ec-kig, Gloc-ke hac-ken, Hec-ke, knac-ken,	Kuc-kuck, Loc-ke, Müc-ke, zoc-ken

독일어에서 아직도 〈kk〉가 나타나는 낱말들이 사용되고 있는데, 이들 대부분은 원래표기를 유지하고 있는 외래어들로 이해하면 된다. 이들은 〈Mokka, Makkaroni, Sakko, Akkusativ〉 등이다.

- 문자표기 〈tz, ts〉와 〈z〉는 [ts]/$[t^s]$의 음가를 갖는다. 이들은 독일어에 많이 나타나는 독일어다운 소리들 중 하나다. 특히, 〈tz〉는 〈zz〉에서 유래해서 〈tz〉로 변화된다. 하지만, 이들은 〈t-z〉로 떼어 쓰기가 가능한데, 이는 〈tz〉를 〈t〉와 〈z〉 서로 다른 두 문자가 합해진 문자조합으로 이해되기 때문이다.

jetzt, ganz, Herz,	zehn, Zeit, zeit-lich,	zu-erst, zu-letzt, Zu-satz,

Salz,	Zim-mer,	zwei
schwarz,	Zi-tat,	krat-zen,
Schwanz,	zu,	Glat-ze,
trotz,	Zug,	wit-zig
trotz-dem,	Zu-c/ker,	

〈Mozzarella, Razzia, Pizza〉 등과 같이 독일어에서 사용되는 외래어낱말에 나타나는 〈z〉의 중첩인 〈zz〉는 원래표기를 유지하고 있는 외래어들이다.

공통점:

〈ck〉와 〈tz〉는 〈m, n, l, r〉뒤에는 나타나지 않는다.

음가를 대표하는 〈k〉와 〈z〉만이 〈m, n, l, r〉 뒤에 온다.

An-ker,	Er-ker,	Ran-zen,
Im-ker,	Herz,	Wal-ze

- 〈dt〉는 대부분 낱말/음절의 끝에 위치하는데 이는 [t]의 음가를 대표소리로 갖는다. 동사의 어형변화에 따라 음절의 앞에 나타나기도 한다.

Stadt,	Schmidt,
Stadt-tei-le,	wan-dte

- 표준 독일어에서 〈sp〉가 낱말의 처음에 오면 [ʃp]의 음가를, 〈st〉가 낱말/음절의 처음에 나타나면 [ʃt]의 음가를 갖는다. 북쪽 방언에서는 그대로의 음가인 [sp, st]를 갖기도 한다.

spa-ren,	Spin-ne,	spre-chen,
Spaß,	Spie-gel,	Spra-che
spät,	Spiel,	steh-en,
spät-a-bend,	spie-len,	Stock,
Sta-at,	Stall,	Straße,
sta-at-lich,	Stan-dard,	Stra-ßen-bahn
Stadt,	starr,	
Stahl,	Start,	

■ 〈ch〉는 〈i, e, ä, ö, ü〉로 표기되고 /i, e, ɛ, ø, y/로 발음되는 전설모음과 양성모음 및 자음 뒤에서는 [ç]의 음가를 갖고, 중설 또는 후설 모음인 음성모음 뒤에서는 [x]의 음가를 갖는다. 특히, 낱말의 첫머리에서의 〈ch〉는 이 낱말이 외래어임을 표시하기 위해 사용되고 라틴어를 근간으로 하는 낱말은 /k/, 그 외의 대부분은 /k, ç, ʧ/ 등으로 선택 발음되는 경향을 보인다.

ich,	Bach,	Chris-ta,
mich,	noch,	Chi-na,
Pech,	auch,	Chi-le
möch-te	Buch	
ach,	Christ,	

■ 독일어 문자 〈chs〉와 〈x〉는 소리 [ks]를 표시한다. 이는 〈ks〉의 음과 같다. 외래어에서 문자 〈x〉는 항상 [ks]음가를 갖는다. 따라서 문자(표시)만으로는 음절구분이 난해한 경우가 있는데, 아래의 밑줄 그어진 예들이 이런 현상을 보여준다. 특히, 문자 〈x〉-[ks]가 음절을 이어주는 경우에는 소리표시인 [ks]를 마치 문자 〈ks〉처럼 이해하고 〈k-s〉로 분리해서 음절을 나누어 발음하면 무리가 없다.

Keks,	exakt → 〈ek-sakt〉,
zu-nächst,	Ex-port,
sechs,	ex-trem,
Wachs,	flexi-bel → 〈flek-si-bel〉,
Luchs,	maxi-mal → 〈mak-si-mal〉,
A-lexan-der → 〈A-lek-san-der〉,	Praxis → 〈Prak-sis〉,
Max,	Luxus → 〈Luk-sus〉,
boxen → 〈bok-sen〉,	Sex,
Text,	sechs,
Taxi → 〈Tak-si〉,	Sechs-tel

- 독일어에서 문자 〈s〉로 표기되는 소리는 - 다른 자음과는 다르게 - 무성음 [s]와 유성음 [z]로 발음될 수 있다.[23] 독일어를 처음 대하면서 독일어 문자와 유성음의 대비인 〈s〉-[z] 그리고 무성음 〈s〉-[s]간의 대비를 구분하는 것은 쉽지 않다. 독일자음 [s]는 앞니 뒤의 잇몸인 치조에 혀의 앞부분을 이용해서 좁혀진 공간을 기류가 힘차게 통과하면서 조음되는 무성마찰음이다. 이때 좁은 공간으로 기류를 통과시키기 위해 긴장된 조음근육상태를 보인다. 반면, [z]는 원래 무성음 [s]를 조음하는 똑같은 입모양과 혀 위치 그러나 이완된 근육상태에서 목청이 울리게 발음되는 유성마찰음이다. 이때 혀끝이 진동해서 혀 앞부분과 윗니 안쪽 잇몸이 가렵다고 느낄 정도의 울림소리가 독일어 [z] 발음에 가깝다고 할 수 있다. 따라서 이런 울림을 근거로 자신의 〈s〉-[s]와 [z] 소리의 정확성을 판단하면 무리가 없다. 하지만, 많은 독일어학습자들이 [z]를 우리말의 〈ㅈ〉과 동일 또는 비슷하게 발음하려는 경향을 보이는 것을 관찰할 수 있다. 이런 경향은 특히 〈Sonne, Sohn〉 등과 같은 낱말의 음

23 조음환경에 따른 문자 〈s〉의 다른 자음소리와의 연관관계에 대해서는 Yeo(2005: 57) 참조.

절 앞부분에서 문자 〈s〉를 발음하는 경우에 두드러진다. 이 경우 초성표기문자 〈s〉를 무성음화된 [z̥]로 소리내기 보다는, 독일어권 외래어를 발음하기 위해 사용되는 [ʒ]에 가까운 소리에 가깝게 발음된다. 따라서 〈Sonne〉는 [ʒɔnə]로 〈Sohn〉은 [ʒoːn]으로 발화되고, 이를 통해 문자 〈s〉발음이 독일어 특유의 소리 [z̥]나 [z]와는 다른 소리구조를 보인다. 이를 극복하기 위해서 문자 〈s〉와 무성음 [s]가 관련된 종성일 경우에는 우리말의 〈ㅅ〉을 날카로운 '쓰' 소리가 나도록, 그리고 문자 〈s〉가 초성이고 단독으로 모음 앞에 나올 경우에는 〈s〉를 유성음 [z]로 소리화하지 않고 무성음인 [z̥]로 발화한다. 즉, 문자 〈s〉가 초성으로 유성음 [z]와 연관된 경우에는 이를 [z̥]로 소리화해야 한다. 문자 〈s〉의 유성음인 [z]가 초성일 경우 발음되는 [z̥]와는 사뭇 다름을 유념하고 이를 도표화하면 다음과 같다.

초성 + 모음 → 무성음화 부드러운 〈s〉 - [z̥]	Sa-ge, sa-gen-haft, gra-sen, Sum-me
종성 → 무성음 날카로운 〈s〉 - [s]	Gras, Post, ge-wiss, Hass, Haus, weiß

위의 예 〈Sage, grasen, Summe, lose〉에서는 물론 〈so, singen, Sucht, Reise, böse, lesen, tausened, Wiese〉에서 볼 수 있듯, 독일어 유성음 [z]-〈s〉는 낱말 머리에서 '모음 앞'에 나타나든, 낱말중간에서 '모음 사이'에 나타나든 항상 문자 〈s〉로만 표기되고, 무성음화된 [z̥]로 실현된다. 반면, 무성음인 [s]는 문자 〈s〉이외에도 〈ss, ß〉로 표기된다. 즉, 무성음 [s]는 세 종류의 문자표기인 〈s, ss, ß〉로 표기되는데, 이는 다음과 같이 요약될 수 있다.

[s]	〈ss〉 – 〈Wasser〉 (단모음 뒤에서 만 나옴 : 앞단모음표시)
	〈ß〉 – 〈Straße〉 (장모음 뒤에서 만 나옴 : 앞장모음표시)
	〈s〉 – 〈Last〉 (주로 t/p와 함께 나옴)

위 도표에서 무성음인 [s]를 표기하는 문자 〈s, ss, ß〉 중에서 중복자음 〈ss〉는 음절 핵이 짧은 경우에만 나타난다. 반대로: 앞의 모음이 짧음을 표시한다. 따라서 이들은 아래 예처럼 주로 강세가 있는 짧은 모음 뒤에 나타나는 것으로 이해하면 된다. 이런 경우 〈ss〉는 〈s-s〉로 나누고 이를 포함하는 음절을 우리말의 '씨'를 발음하는 것처럼 빠르게 이어 발음하면 문제가 없다. 이를 유념하면서 아래 낱말들을 읽어보자.

bis-sen, fas-sen, fres-sen, Ge-bis-sen, las-sen,	has-sen, Mas-se, Mes-ser, Schlüs-sel, Tas-se

〈ß〉는 그리스어에서 차용되어 사용되고 있는데 낱말어간과 낱말 끝을 표기하는 기능을 포함하고 있고, 독일어 소리 [s]를 문자로 표시하기 위해서 사용된다. 〈ß〉는 주로 긴 모음 또는 복합모음 뒤에 나타난다. 특히, 새로운 정서법에서는 단모음 뒤에 나오는 〈ß〉와 어간말음이 아닌 〈ß〉를 〈ss〉로 표기하도록 규정하고 있다. 따라서 새로운 정서법에 의해 쓰여진 독일어 텍스트에 나타나는 낱말의 끝에 문자 〈ß〉가 나타나는 경우에는, 그 앞에 음절 핵인 모음은 길게 소리화해야 한다고 이해하면 된다. 그리고 문자 〈ß〉가 어간말음으로 두 음절을 서로 연결하는 경우에는 문자 〈ss〉경우에서처럼 이를 〈s-s〉로 나누고, 이들

이 포함되는 음절을 빠르게 붙여 - 우리말의 ‘ㅆ’를 읽을 때 발음처럼 - 조음하면 된다.

beißen → 〈beis-sen〉,	heißen → 〈heis-sen〉,
Fass,	Maß,
Fleiß,	Ruß,
Fuß,	scheuß-lich,
groß,	Schluss,
Gruß,	Strauß,
grüßt,	Ver-lass

독일어 소리 [s]를 표시하는 문자 〈s〉는 긴 모음과 복합모음 뒤 그리고 낱말 끝 및 자음 앞 등에 다양한 위치에 나타난다.

Glas,	Kas-per,
Haus,	fast,
Preis,	Mist,
Mas-ke,	Schwes-ter

독일어소리를 관찰하다보면 문자 〈s〉로 표기되는 유성음과 무성음, 즉 [s]와 [z]로 확연하게 분리하여 발음하는 것은 쉽지 않을 뿐만 아니라, 경우에 따라서는 이들을 분리할 필요가 없다는 생각이 들기도 한다. 때로는 외국어로서 독일어를 접하는 우리의 관점에서 ‘문자 〈s〉로 실현되는 소리들을 철저하게 구분할 필요가 있는가?’라는 의문이 들기도 한다. 이는 첫째 독일어에는 자음표시문자 〈s〉의 유성-무성음 발음대비로 인한 낱말의 의미변화를 거의 찾아볼 수가 없기 때문이다. 예를 들어, 〈reisen-reißen, weise-weiße〉 등과 같이 유성음 [z]와 무성음 [s]로 인해 나타나는 의미대비, 즉 [z]-[s]의 소리대비로 인한 낱말의 미변화가 거의 나타나지 않기 때문이다. 둘째로는 문자〈s〉의 발음 특

성상 그리고 발음환경의 변화에 따라 문자 〈s〉의 발음허용범위가 크기 때문이다. 다시 말하면, 문자 〈s〉는 객관적인 음가보다는 발음하는 사람마다의 발음습관이나 언어화용적 개성이 강하게 반영되는 소리이고, 이에 더해 자음표시문자 〈s〉가 전반적으로 유성음보다는 무성음으로 발음되는 독일어의 발음경향을 세 번째 이유로 들 수도 있다. 예를 들어, (토종)독일어 낱말 〈Vater〉에서의 〈v〉처럼 유성음과 무성음이 양립할 수 있는 경우에는, 이 〈v〉가 무성음인 [f]로 발음되는 경향을 보인다. 이런 현상과 비슷하게 문자 〈s〉로 표기되어 유성음과 무성음이 양립하는 경우에도, 유성음인 [z] 보다는 오히려 무성음 [s]에 가까운 [z̥] 소리로 실현되는 경향을 보이는 것으로 이해해도 무리가 없기 때문이다. 여기에 추가적으로 문자 〈s〉를 유성음과 무성음, 즉 [s]와 [z]로 확연하게 구분하지 않는 현상은 특히 남부독일의 일상 독일어에서 확연히 나타나는 것을 관찰할 수 있다. 비록, 이런 이유들로 인해 〈s〉의 발음이 다양하고 또 자유로운 경향을 보인다할지라도, 문자 〈s〉를 [ʒ]에 가까운 발음, 즉 우리말의 〈ㅈ〉과 같이 조음하고 연습해도 무방하다는 의미는 결코 아니다.

- 〈sch〉로 표기된 문자는 독일어 소리 [ʃ]를 나타낸다.

schaf-fen,	schwan-ger,	Schweiß,
Schlaf,	Schwanz,	Schwert,
Schol-le,	schwarz,	Schwes-ter,
schon,	schwer,	Schwim-men
schön,	schwei-gen,	
schnell,	Schwein,	

- 독일어에서 문자 〈q〉는 단독으로 나타나지 않고 항상 〈u〉를 동반한다. 〈qu〉는 독일어 소리 [qv]를 표시하고 항상 음절의 첫 부분에

위치한다.

be-quem,	Qua-li-tät,
qua-ken,	qua-li-ta-tiv,
qual-voll,	Quel-le

■ 독일어 토종낱말에 나타나는 문자 〈v〉는 위 치아가 아래 입술에 닿아 마찰하고 성대가 울리지 않으면서 나는 소리 [f]를 표시한다. 외래어의 경우에는 원래발음을 따르는 경향을 보인다. 특히, 문자 〈v〉는 첫째 우리말에서 의사소통을 위해서 거의 사용되지 않는 소리이기 때문에 발음방법에 유념해야 하고, 둘째 예를 들어 이미 영어를 배우면서 익힌 영어문자 〈v〉와는 전혀 다른 소리를 표시하기 위해 사용되기 때문에 발음에 각별히 유념해야 한다.

토종낱말〈v〉의 [f]표기

Ver-gleich,	viel-leicht,
ver-glei-chen,	vier,
Ver-län-ge-rung,	von,
Ver-mu-tung,	vor,
vie-le,	vor-wärts

외래어〈v〉의 [v]표기

Va-ri-a-tion,	Vi-si-on,
Verb,	Vo-kal
Vi-di-o,	

■ 독일어 문자 〈w〉는 위 치아가 아래 입술에 닿아 마찰하고 성대가 울리면서 나는 소리인 [v]의 음가를 갖는다.

war,	wes,	wo-hin,
warm,	wes-halb,	wo-mit,
was,	wes-sen,	wohl,
wäh-rend,	will,	Wo-che,
Weib,	wir,	Wo-chen-en-de,
weiß,	wie-der,	wohl,
wem,	wo,	woh-nen
wen,	wo-durch,	
wer,	wo-her,	

지금까지는 자음표시문자 중심으로 우리 관점에서 필요한 내용을 논의했다. 이 과정에서 아직도 우리에게 중요한 〈l〉과 〈r〉의 관계와 이에 상응하는 [l]과 [R]의 대비에 관한 논의를 하지 않았다. 이는 문자 〈r〉로 표시되는 독일어 소리가 조음환경에 따라 여러 형태인 [r], [ʁ], [R], [ɐ]/[ɐ]-〈^{r}Vater〉/〈^{e}Uhr〉로 실현되기 때문으로, 이에 대한 이론적인 논의는 음운영역을 벗어나기 때문이다. 이에 관한 내용은 음절영역에서 다루기로하고 우선 이들의 음성학적인 영역에서의 특징을 간단하게 살펴보자.

독일어 소리 [r]는 혀끝 떨림소리, [ʁ]는 연구개 떨림소리, [R]는 목젖 떨림소리로 문자 〈r〉로 표시되어 나타나는 반면 [ɐ]는 모음소리와 같은 특징을 가진 모음화된 소리이다. 이들 모두는 낱말형태변화에 따른 문자음절의 변화에 따라 원래의 자음-〈r〉 또는 모음화된-〈r〉로 전환되는 특성을 갖는다. 예를 들면, 〈hö-ren〉에서는 자음〈r〉의 특성을 갖지만, 〈hört〉에서는 모음화된 자음〈r〉-[ɐ]의 특성을 띤다. 자음 〈r〉의 특성을 갖는 위치에서는 [r]/[ʁ]/[R] 중에서 자유롭게 실현될 수 있다. 하지만, 모음화 〈r〉가 나타나는 위치에는 자음 〈r〉가 나타날 수 없다. 어디에 어느 〈r〉가 위치할 수 있는 가능성은 〈r〉가 나타나는 위치와 주변조음환경에 의해 제한되고, 실현되는 발음 또한 조음환경의 영향을 받는다. 특히, 음절의 어느 부분에 나타나느냐에 따라 실현발음이 정해진다. 예를 들어, [ɐ]/[ɐ̯]는 음절의 마지막부분에 나타나고 [r], [ʁ], [R]는 음절의 앞부분에 나타난다. 이는 [ɐ]/[ɐ̯]와 [r], [ʁ], [R] 소리가 같은 위치와 같은 조건에서 실현될 수 없음을 의미하는 것과 맥락을 같이 한다. 또한 자음 ⟨r⟩의 조음을 위한 입모양은 앞과 뒤에 위치한 모음에 따라 입모양을 달리하고, 모음화자음 ⟨r⟩는 모음소리 [a]의 조음을 위한 입모양을 한다. 우리가 쉽게 접할 수 있는 소리 [ʁ]와 [ɐ]를 조음환경을 그리고 [l]과 [R]의 대비에 관한 논의를 음절을 중심으로 다음 3장에서 다루기로 한다.

여기에서 논의된 내용을 중심으로 독일어에 나타날 수 있는 자음을 국제음성기호에 따라 구강단면에 표시(Maas, 1999:192)하면 다음과 같다.

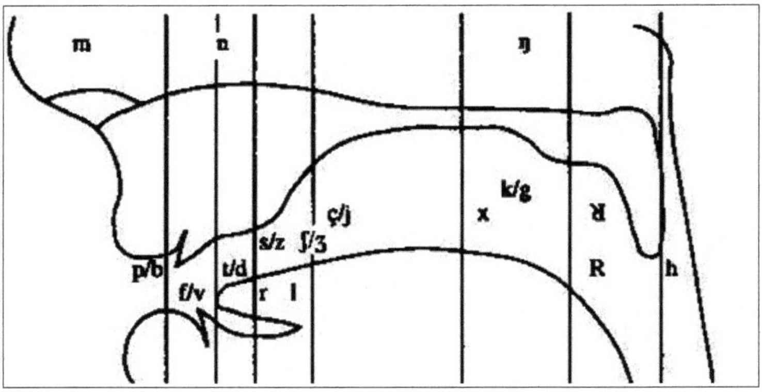

2.4 독일어문자와 소리연결규칙

지금까지의 논의를 바탕으로 독일어 모음과 자음을 분류하면 다음과 같다.

장모음	[ɑ:]	[e:]	[i:]	[o:]	[u:]	[ɛ]	[ø]	[y]
단모음	[a]	[ɛ]	[ɪ]	[ɔ]	[ʊ]	[ɛ]	[œ]	[ʏ]
복모음	[aɪ][aʊ]			[ɔɪ]				

조음위치 / 언어소리	양 입술	입술+치아	치조(경)	경구개	연구개
	무 / 유성	무 / 유성	무 / 유성	무 / 유성	무 / 유성
파열음	[p, b]		[t, d]		[k, g]
마찰음		[f, v]	[s,ʃ, z]	[ç]	[x]
파(열마)찰음			[ʦ]		
유음(설측/떨림음)			[r][l]		[ʁ]
비음	[m]		[n]		[ŋ]

독일어소리와 이를 표기하는 문자와의 관계를 문자중심으로 표기하면 다음과 같다.

독일어 문자		독일어 소리		
모음	자음	앞쪽	음절(핵) 강 - 약 - 복모음	뒷쪽
〈a〉 〈aa〉 〈ah〉 〈ai〉 〈au〉 〈ay〉			[a:] [a] [a:] [a:] [aɪ] [aʊ] [aɪ]	
〈ä〉 〈äh〉 〈äu〉			[ɛ:] [ɛ:] [ɔɪ]	
	〈b〉	[b]		[p]
	〈ch〉 〈chs〉 〈ck〉	[ç], [k], [tʃ]		[ç], [x] [ks] [k]
	〈d〉 〈dd〉 〈dt〉	[d]		[t] [t] [t]
〈e〉 〈ee〉 〈eh〉 〈ei〉 〈eu〉 〈ey〉			[e:] [ɛ] [e:] [e:] [aɪ] [ɔɪ] [aɪ]	
	〈f〉 〈ff〉	[f]		[f] [f]
	〈g〉 〈gg〉	[g]		[k], [ç] [k]
	〈h〉	[h]		[:]

독일어 문자		독일어 소리		
모음	자음	앞쪽	음절(핵) 강-약-복모음	뒷쪽
〈i〉 〈ie〉 〈ieh〉			[iː] [ɪ] [iː] [iː]	
	〈j〉	[j]		
	〈k〉	[k]		[k]
	〈l〉 〈ll〉	[l]		[l] [l]
	〈m〉 〈mm〉	[m]		[m] [m]
	〈n〉 〈nn〉 〈ng〉	[n]		[n] [n] [ŋ]
〈o〉 〈oo〉 〈oh〉			[oː] [ɔ] [oː] [oː]	
〈ö〉 〈öh〉			[øː] [œ] [øː]	
	〈p〉 〈pp〉	[p]		[p] [p]
	〈qu〉	[kv]		
	〈r〉 〈rr〉	[ʁ]		[ʁ], [ɐ] [ʁ]
	〈s〉 〈ss〉 〈sch〉	[z], [z̥] [ʃ]		[s] [s] [ʃ]

독일어 문자		독일어 소리		
모음	자음	앞쪽	음절(핵) 강 - 약 - 복모음	뒷쪽
	〈ß〉			[s]
	〈t〉 〈tt〉	[t]		[t] [t]
〈u〉 〈uh〉			[uː] [ʊ] [u]	
〈ü〉 〈üh〉			[yː] [ʏ] [yː]	
	〈v〉	[f], [v̥]		[f]
	〈w〉	[v], [v̥]		
	〈x〉			[ks]
	〈z〉	[ʦ]		[ʦ]

위 도표는 독일어소리와 독일어문자 사이에 존재할 수 있는 대응관계에 대한 특정한 규칙과 독일어소리의 위치에 따른 소리변이형을 유추할 수 있도록 해준다. 예를 들어,

- 독일어문자 〈w〉는 음절의 핵인 모음 앞에서만 나타나는 독일어소리 [v]를 표기한다. 때로는 뒤따르는 모음의 특성에 따라 무성음화된 [v̥]를 표기한다. 이를 소리중심으로 표현하면: 독일어소리 [v]와 [v̥]는 음절 핵 앞에서만 나타나고 독일어문자 〈w〉로 표기된다.

- 독일어문자 〈ch〉는 음절 핵의 뒷부분에만 나타나며 조음환경에

따라 [ç]와 [x]음가를 갖는 독일어소리를 표기한다. 이를 소리중심으로 표현하면: 음절 핵의 뒷부분에 나타나는 독일어소리 [ç], [x]는 독일어문자 〈ch〉로 표기된다.

- ■ 독일어문자 〈chs〉는 음절 핵의 뒷부분에만 나타나는 독일어 소리 [ks]를 표기한다. 이를 소리중심으로 표현하면: 음절 핵의 뒷부분에만 나타나는 독일어 소리 [ks]는 독일어문자 〈chs〉로 표기된다.

- ■ 독일어문자 〈ck〉는 음절 핵의 뒷부분에만 나타나는 독일어 소리 [k]를 표기한다. 이를 소리중심으로 표현하면: 음절 핵의 뒷부분에만 나타나는 독일어 소리 [k]는 독일어문자 〈ck〉 또는 〈k〉로 표기된다.

- ■ 독일어문자 〈z〉는 음절 핵의 양쪽부분에 나타나는 독일어 소리 [ʦ]를 표기한다. 이를 소리중심으로 표현하면: 음절 핵의 앞-뒷부분에 나타날 수 있는 독일어 소리 [ʦ]는 독일어문자 〈z〉로 표기된다.

등과 같은 대응관계규칙과 조음환경에 따른 변이형관계를 제시해준다. 그럼에도 불구하고 이 도표는 순수한 독일어만을 대상으로 하고 있기 때문에 독일어에 유입된 외래어에 관한 내용은 다른 규칙을 필요로 하는 문제점을 안고 있다.

여기에서 우리는 모음에서 논의했던 내용을 회상하면서 다음 두 가지 질문에 대한 답을 구해보자. 우선, '독일어 장모음은 어떤 형태의 문자조합을 통해 표시되는가?' 이에 우리는 독일어 장모음은 네 가지 문자표시형태, 즉 1. 동일모음문자의 중첩 또는 2. 다른 모음문자의 중첩, 3. 해당모음 뒤에 문자〈h〉의 첨가, 그 외에도 4. 표시가 확실하지 않은 경우 등이 제시될 수 있다고 답할 수 있을 것이다. 또한 '어떤 형태의 문자를 통해 독일어 단모음이 표시될까?'라는 질문에는 '어느 모음 뒤에 동일한 또는 서로 다른 자음이 중복해서 나타나면, 선행되는 모음이 단모음임을 표시하고, 이 단모음은 강세를 갖는다'라고 우리의 관점에서 답할 수 있을 것이다. 이를 좀 다르게 표현한다면, 강세가 있는 단모음 뒤에 자음 하나가 따르면, 이 자음은 중첩해서 〈Nuss, Zoff, Anna, Suppe, voll〉에서와 같이 표시된다고 답할 수 있을 것이다.

하지만 음절 핵을 이루는 모음 중심의 설명, 예를 들어 독일어 단음절 낱말 〈ob, das, mit, von, bis, ab〉 이나 영어에서 유입되어온 〈Job, fit, Pop, Klub, top〉 등과 같이 - 강세가 나타날 수 있는 선행 단모음 뒤에서도 자음표시문자의 중첩이 일어나지 않는 - 예외 때문에 그 기술완벽성에 결함이 있다. 이런 결함에도 불구하고 '모음 뒤에 동일한 또는 서로 다른 자음이 〈Waffel, Ball, Amme, Tonne, Pappe, Masse, Ratte〉에서와 같이 중복해서 나타나면, 선행되는 모음이 단모음이고 강세를 갖는다'와 같은 설명은 우리에게 독일어소리를 이해하는데 도움을 준다. 동일자음중첩은 자음표시문자 〈f〉, 〈l〉, 〈m〉, 〈n〉, 〈p〉, 〈s〉, 〈t〉를 중심으로 많이 나타나고, 〈wabbelig, Knuddel, Roggen〉에서처럼 〈b〉, 〈d〉, 〈g〉도 드물게 중첩되어 사용된다. 그러나 〈c, h, q, v, w, x, y〉 등은 중첩되어 나타되지 않는다.

3

독일어 음절

3.1 음절구조

독일어음절은 모음으로 형성되는 음절 핵[Silbenkern]과 앞의 시작부분[Anfangsrand]이 그리고 그 뒷부분인 음절 끝부분[Endrand]으로 형성된다. 독일어음절은 음절 시작부분에서 음절 핵에 다가오면서 유성음의 정도가 강해지면서 음절 핵에 이르고 음절 핵을 지나 음절 끝부분의 마지막에 이르면서 유성음의 정도가 점차 약해진다(Duden 4, 2009:41). 이를 간략히 표현하면 다음과 같다.

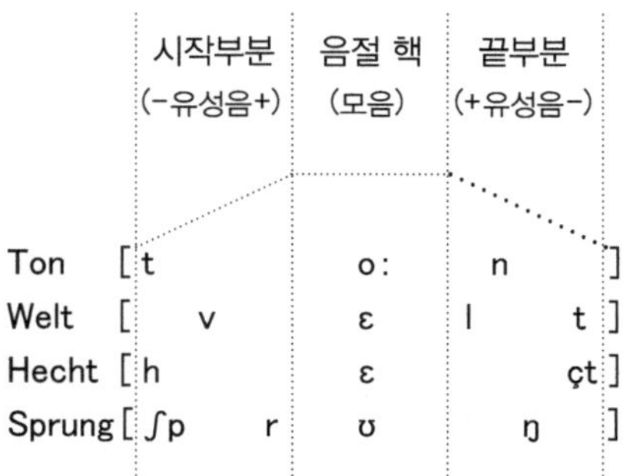

독일어 낱말은 여러 음절이 모여 형성되지만, 위의 그림에서 보여주는 것처럼 단독으로 낱말을 형성하기도 한다. 특히, 입말에서 여러 개의 음절이 한 낱말을 이루는 경우, 그 중의 한 음절, 특히 마지막 음절의 음절 핵을 이루는 모음의 음가가 생략되어 탈락되는 현상[Apokope]이 나타나기도 한다. 예를 들어, ⟨ge-ben⟩, ⟨re-den⟩, ⟨le-gen⟩으로 표시된 낱말음절은 독일어 입말에서 [ge:bn̩], [re:dn̩], [le:gn̩]으로 실현되는 현상을 보인다. 이 과정에서 글말음절 ⟨-ben⟩, ⟨-den⟩, ⟨-gen⟩이 음절 핵인 모음표시문자 ⟨e⟩가 생략되어 발화되고 공명자음인 비음이 음절화되는 형태인 [bn̩], [dn̩], [gn̩]으로 실현된다. 이는 입말에서 음절 핵인 모음 [e]가 [ə]로 약화되고 결국 탈락하는 모음생략현상으로, 문자음절인 〈-ben〉, 〈-den〉, 〈-gen〉 등이 음절로서의 기능상실을 의미하고, 또한 문자와 소리간의 연결규칙설정을 어렵게 한다(위 2.4). 이런 현상을 우리의 관점, 즉 소리음절을 표기하는 문자음절과 이를 통해 재생되는 독일어소리음절간의 관계에 대한 이해가 중요한 의미를 갖는 관점에서 보면, 소리음절 자체에 대한 구체적인 기술보다는 오히려 문자화된 글말의 낱말형태가 소리음절의 음성-음운론적인 특성을 어떻게 표시하고 있는가에 대한 분류가 필요하다.

3.2 음절의 종류

문자음절 – 소리음절

문자음절과 소리음절의 관계는 여러 형태로 설명될 수 가 있다. 우리의 관점에서 보면, 독일어의 모음과 자음을 표기한 문자와 이들의 조합을 통해 이루어진 문자음절을 소리음절로 전환할 수 있는 능력은 곧 '기록된 독일어를 읽을 수 있다.'는 것을 의미한다.

우리 한글 글말의 경우, 예를 들어 〈아, 안〉, 〈가, 간〉, 〈나, 난〉에서처럼 단음절로 형성된 낱말의 문자음절에는 항상 음절 핵인 모음 앞에 초성을 표시하는 자음표시문자가 나온다. 특히, 〈아〉와 〈안〉에서처럼 초성음가가 없음에도 불구하고 초성표시문자를 사용하여 초성을 표시한다. 독일어에서는 이와는 다르다. 예를 들어, 〈ach〉, 〈ein〉, 〈ich〉, 〈Ei〉, 〈Ochs〉, 〈Uhr〉 등과 같은 독일어 단음절 낱말에는 음절 핵인 모음 앞의 자음이 표시되지 않는 경우도 있다.

이런 '표기상의 불완전성'을 우리는 독일어 소리음절인 동시에 독일어 낱말인 [ʔax], [ʔaIn], [ʔiç] [ʔaI], [ʔoks], [ʔuɐ]를 낱말/음절을 표시하는 문자 〈ach〉, 〈ein〉, 〈ich〉, 〈Ei〉, 〈Ochs〉, 〈Uhr〉 통해서 표기하고, 독일어 소리(음절)를 문자(음절)로 전환하는 과정에서 해당자음인 '성문파열음/기식음'이 표시문자인 [ʔ]를 통해 표기되지 않은 것으로 이해하자.[24] 따라서 〈ach〉나 〈ich〉의 경우에서도 문자음절의 형태는 〈모음+자

24 특정한 낱말-소리음절의 현재문자표기는 오랜 시간동안의 표기변화를 통해 나타난다. 소리음절을 문자로 기록해서 사용하는 과정은 – 우리말 낱말인 '산'이 '뫼 > 산'을 거치면서 지금의 문자표기인 '산'에 이르는 것에서도 보여주듯 – 독일어에서도 여러 단계의 표기변화를 거친다. 이 과정에서 예를 들어 소리음절인 [ʔaI]가 표기변화를 거치는 과정에서 [aI] 앞에 위치하는 입말자음인 '성문파열음/기식음[ʔ]'에 해당하는 표기문자가 없었기 때문에 누락되었거나, [ʔ]소리를 모음의 일부로 파악

음〉의 형태를 보이지만, 〈ach〉는 [ʔax]로 또 〈ich〉는 [ʔiç]로 실현된다. 이는 [ʔaɪ], [ʔax], [ʔiç]라는 소리 음절이 〈Ei〉, 〈ach〉, 〈ich〉와 같은 문자 음절로 기록될 때 소리음절의 모음 앞에 자리하고 있는 [ʔ]음가가 문자로 표시되지 않았음을 의미한다.

이런 표기누락에도 불구하고 열린음절의 초성으로 나타나는 '성문파열음/기식음'인 [ʔ]는 독일어 입말에 나타나는 특유한 독일어 소리에 속한다. 우리가 꼭 기억해야할 것은 〈Ei〉처럼 비록 문자표기로만 보면 모음으로만 형성된 음절이라 할지라도, 입말에서의 복모음 [aɪ] 앞에는 '성문파열음'인 [ʔ]가 항상 나타나 [ʔaɪ]-〈Ei〉로 실현된다는 사실이다. 이를 근거로 우리는 독일어 소리음절은 항상 [자음 +모음]의 최소형태를 갖는다는 원론에 다다르게 된다. 따라서 〈Ei〉, 〈ach〉, 〈ich〉와 같은 문자음절에는 표시되어 있지 않지만, 독일어 소리음절은 언제나 하나의 자음과 모음의 소리가 순서대로 나타남을, 즉 음절 핵인 모음 앞에 항상 자음이 존재하는 것으로 이해해야 한다. 이를 염두에 두고 아래 낱말들을 실현해보자.

ab,	Arzt,	ernst,
ach!,	auch,	erst,
acht,	auf,	es,
All,	aus,	in,
als,	Ehe,	im,
alt,	Ei,	Obst,
am,	ein,	oft,
Amt,	eins,	Ohr,
an,	Eis,	Öl,

했기 때문에 애초부터 표기되지 않고 사용된 것으로도 이해할 수 있다. 우리의 관점에서 보면 – 우리가 외국어를 배우면서 착각하는 것들 중에서 – 모음표시문자인 〈e〉와 〈i〉가 합해져 [aɪ]로 발음되는 것이 아니라, [aɪ]라는 소리를 표기 또는 기록하기 위해서 모음표시문자인 〈e〉와 〈i〉가 함께 사용된다는 사실을 이해해야 한다.

arm, aus, Art,	elf, eng, er,	Ort, Uhr, um

우리의 관점에서 보면 문자음절을 소리음절로 확실하고 정확하게 전환하는 능력은 자신이 발음한 독일어소리 또는 다른 사람의 독일어 발음이 올바른지를 판단하는 기준이 된다. 특히, 성인학습자의 말하기능력은 읽기능력, 즉 문자음절을 소리음절로 전환하는 능력을 기반으로 향상되는 경향을 보이기 때문에(Yeo, 2005:106ff), 문자음절을 원어민이 이해할 수 있는 소리음절로 전환할 수 있는 능력을 갖추는 것은 중요하다. 이를 기반으로 행하는 독일어소리의 반복연습과 이를 통해 얻어지는 독일어소리에 대한 자신감은 독일어화용능력의 기틀이 된다.

닫친음절 - 열린음절

독일어의 음절은 [자음+모음+자음] 형식의 기본형을 띤다. 모음을 음절 핵으로 그 앞과 뒤에 자음이 나타나는 음절구도를 갖는 음절을 닫친 음절geschlossene Silbe, [자음+모음]의 형태로 음절의 끝부분이 자음 없이 모음으로 마무리된 음절을 열린음절offene Silbe이라 한다. 열린음절에 나타나는 모음은 긴장된 그리고 긴모음의 소리특성을 갖는 반면, 중복자음 또는 자음조합이 뒤따르는 닫친음절에 나타나는 모음은 이완된 짧은모음의 특성을 띤다.

아래 예들은 한 개의 닫친 음절로 형성된 낱말들이다. 독일어와 외래어의 비교 및 소리차이로 인해 나타나는 의미변화를 파악하기 위해 필요한 낱말을 중심으로 나열했다(전체예시는 부록의 닫친음절 낱말

참고). 계속논의를 위해 이 낱말들의 음절 핵 전후에 나타나는 음절시작부분과 끝부분의 구조형태를 관찰-분류하자. 또한 각 음절의 의미를 파악한 후 그들의 소리차이를 비교-표기해보자.

ab,	Obst,	Stirn,
ach,	Huhn,	Stock,
Bach,	Hund,	Stoff,
Dach,	Mund,	Strom,
Fach,	rund,	Sturm,
acht,	kund,	tief,
auch,	Kind,	Tier,
Buch,	Macht,	Tod,
Bauch,	Markt,	Topf,
bald,	Mett,	Torf,
Wald,	nett,	Tür,
Berg,	Ohr,	Turm,
Werk,	Uhr,	viel,
hoch,	Pflicht,	vier,
doch,	Licht,	Volk,
Loch,	leicht,	voll,
noch,	Rock,	vor,
Dorf,	Sand,	Wahl,
dort,	Land,	wahr,
Ort,	fand,	warm,
fein,	schief,	Wurm,
Feind,	Schiff,	weich,
Flug,	Schild,	weiß,
klug,	Schilf,	weit,
Flur,	schlank,	Welt,
Fuß,	Schrank,	Wert,
Fass,	schwach,	Wirt,
Glas,	schwarz,	Wort,
Gras,	sechs,	Wurst,
glatt,	Sex,	Zahl,
platt,	stark,	Zahn,
groß,	Start,	zehn,
Gruß,	statt,	Zeug,
Hass,	steil,	Zug
Kuss,	Stein,	
Herbst,	Stern,	

위의 예시들이 보여주는 음절구조는 닫친 음절의 [자음+모음+자음] 기본구조를 유지하거나 확대하는 형태를 보인다. 음절의 시작부분은 〈Strom〉과 〈Pflicht〉 등에서와 같은 음절낱말에서 볼 수 있듯 [(자음)+자음+자음+모음+자음]의 형태로 확대된다. 이에 반해 음절의 끝부분은 〈Herbst〉에서 관찰할 수 있듯 [자음+모음+자음+자음+자음+자음]의 형태로 확대될 수 있음을 보여준다. 위의 예시들만을 기반으로 분류하더라도 독일어 닫친 음절의 구조는 다음과 같이 예정될 수 있다 (Duden 4, 1009:45).

[((자음+) (자음+)) **자음+모음+자음** ((+자음)(+자음)(+자음))]

위의 음절도식은 여기에서 제시한 독일어 닫친 음절이 음절 핵인 모음을 중심으로 시작부분은 3개의 자음 그리고 끝부분은 4개의 자음을 통해 형성될 수 있음을 보여준다. 물론, 낱말 〈Pflicht〉에 나타나는 문자표기 〈pf-〉와 연계된 파찰음 [pf]를 독일어 단일음가로 이해할 것인지 또는 파열음인 [p]와 마찰음인 [f]의 개별소리의 합으로 이해할 것인지에 따라 음절시작부분의 무게가 다를 수는 있겠으나, 위에 제시한 도식의 변화는 없다.

또한, 예를 들어 〈Haar, leer, Meer〉에서와 같이 낱말에 중복모음이 사용되었을 경우, 이 중복모음을 개별모음으로 이해하여, 〈Ha-ar, le-er, Me-er〉로 분철하여 2음절 낱말로 이해해야 하는가?, 아니면 이를 장음표기, 즉 음절길이의 시각적 균형화 요소(Duden 4, 2009:74)로 이해하고 〈Haar, leer, Meer〉와 같이 단음절 낱말로 이해해야 하는가? 등에 대한 의문은 충분한 담론의 근거를 제공한다. 이에 대해서는 다음 '음절경계'에서 우리의 관점에서 논의를 이어가도록 하고, 우선 여기에서는 독일어에서 동일한 모음이 중복해서 나타나는 경우에는 해당 모음을 길게 발음해야 되는 경우로 고정한다.

반면, 독일어에는 음절도식 기본형에서 벗어나, 음절 끝부분에 자음이 나타나지 않는 [자음+모음]형태의 음절이 나타나는데, 이를 열린음절이라 한다. 이는

[((자음+) (자음+)) **자음+모음**]

의 구조를 띤다. 다음은 열린음절 1개만으로 형성된 낱말의 예시들이다.

Bau,	ja,	sie,
bei,	je,	so,
blau,	Knie,	Stau,
da,	Kuh,	Thai,
drei,	Mai,	treu,
Ei,	neu,	Vieh,
Frau,	nie,	wie,
frei,	pro,	wo,
froh,	rau,	zwei,
früh,	roh,	zu
grau,	Schuh,	

위의 단음절 낱말예시를 바탕으로 독일어소리와 문자표기간의 관계와 문자표기의 음절 내 위치를 중심으로 분석-도표화하면 다음과 같다. 위에서 제시한 단음절 낱말을 기반으로 아래의 '독일어낱말예시'를 계속 논의를 위해 완성하고 설명해보자.

독일어 모음	독일어 모음 표시문자			독일어 낱말예시
강 - 약 - 복모음	시작	음절 핵	끝	
[aː] [a] [aɪ] [aʊ]		<a><aa><ah> <a> <ei><ai><ey><ay> <au>		
[eː] [ɛː] [ɛ]		<e><ee><eh> <ä><äh> <e><ä>		
[iː] [ɪ]		<i><ie><ieh> <i>		
[oː] [ɔ] [ɔɪ]		<o><oo><oh> <o> <äu><eu><oi>		
[øː] [œ]		<ö><öh> <ö>		
[uː] [ʊ]		<u><uh> <u>		
[yː] [ʏ]		<ü><üh> <ü><y>		

이 도표를 통해 독일어 모음과 이를 표기하는 문자 사이에 1:1대응관계는 복모음을 [aɪ], [aʊ], [ɔɪ]를 포함한 18개의 모음 중에서 단지 [a]-<a>, [ɪ]-<i>, [ɔ]-<o> 그리고 [œ]-<ö>와 [ʊ]-<u> 및 복모음 [aʊ]-<au>에서만 나타나는 것을 관찰할 수 있다. 이외의 다른 모음들은 여러 문자를 통해서 표기되는 것을 확인할 수 있는데, 이는 독일어소리와 표기문자 간의 불균형을 보여준다 하겠다(Duden 4, 2009:68-70). 위 도표에서 보면, 긴장-전설모음인 [eː]와 [ɛː]가 이완모음인 [ɛ]를 공유하는 특

이한 점이 나타난다. 이는 강한 모음 [e:]의 약한 모음이 결여되어, 다른 모음들에서와는 달리 강(긴장)-약(이완)모음 쌍을 이루지 못하고 있음을 보여준다고 하겠다. 이런 현상은 우리가 독일어 모음을 이해-습득하는 과정에서 장애요인(Yeo, 2005:12-17)으로도 나타날 수 있다. 독일어자음표시문자의 분포를 정리해보면,

독일어자음		독일어 자음 표시문자			독일어낱말예시
장애음 및 비음		시작부분	핵	끝부분	
파열음	[p]	<p>		<p><pp><b><bb>	
	[b]	<b>			
	[t]	<t><*th*>		<t><tt><d><dd><dt>	
	[d]	<d>			
	[k]	<k><ch>		<k><ck><ch><g>	
	[g]	<g>			
마찰음	[f]	<f><*ph*><v>		<f><ff><*ph*><v>	
	[v]	<v><w>		<v>	
	[s]			<s><ss><ß>	
	[z]	<s>			
	[ʃ]	<sch>		<sch>	
	[ç]	<ch>		<ch><g>	
	[x]			<ch>	
	[h]	<h>			
파찰음	[ʦ]	<z>		<z><ts><tz>	
유음	[l]	<l>		<l><ll>	
	[ʁ]	<r>		<r><rr>	
비음	[m]	<m>		<m><mm>	
	[n]	<n>		<n><nn>	
	[ŋ]			<ng><n>	
기타	[j]	<j><y>			
	[kv]	<qu>			

로 나타난다. 우선, 이 도표는 독일어자음을 표기하는 문자가 음절시작부분에서 보다도 끝부분에 더 많이 나타나는 것을 보여준다. 이 도표를 통해 우리는 - 위 2.4에서 도표화해서 제시한 음운에 관한 내용 이해와 약간의 관찰력으로 - 음절위치에 따른 독일어자음들의 문자표기와 그 음가변이형태와 조음방법이 같은 자음들의 긴장정도 대비쌍을 파악할 수 있다. 또 이 내용을 독일어 음절을 이해하고 이의 활용을 위한 자료로 응용할 수 있다. 예를 들어,

- 파열음인 [b], [d], [g]는 음절시작부분에서 [b]-<b>, [d]-<d>, [g]-<g>의 대응관계를 갖지만, 음절끝부분에서는 [b]-<p>, [d]-<t>, [g]-<k>의 관계를 갖는다. 이를 우리관점에서 표현하면: 우리는 음절끝부분에 나타나는 <b, d, g>는 [p, t, k]로 발음해야 한다. 이런 사실을 바탕으로 모음의 긴장정도와 비슷하게 같은 종류 소리들의 긴장정도에 따른 대비쌍을 예를 들어 다음과 같이 유추-활용할 수도 있다.

긴장정도	파열음	마찰음
강함	[p, t, k]	[f, s]
약함	[b, d, g]	[v, z]

- 마찰음인 [s]는 음절시작부분에서는 나타나지 않는 반면, [z]는 음절시작부분에서만 나타나고 이들은 모두 문자<s>로 표기된다. 우리의 관점에서 표현하면: 우리는 음절시작부분의 <s>는 [z]로, 끝부분 <s, ss, ß>는 [s]로 발음해야 한다(특히, [z]의 음가에 유의해야 한다.

- 연구개 마찰음인 [x]는 독일어의 음절끝부분에만 나타나고 〈ch〉로 표기된다. 이를 우리의 관점에서 표현하면: 독일어에서 [x]가 음절의 시작부분에 나타나면 외래어임을 함의한다.

- 성문마찰음인 [h]와 〈j, y〉로 표기되는 [j]와 언제나 〈qu〉로 표기되는 [kv]는 항상 음절시작부분에만 나타나는 반면 비음인 [ŋ]은 음절끝부분에만 오며 문자 〈ng〉과 〈n〉으로 표기된다.

우리는 이런 내용을 기반삼아 예를 들어 독일어소리와 표기문자간의 관련성뿐만이 아니라 음절위치에 따른 독일어자음의 대비쌍도 유추할 수 있는데, 이를 정리하면 다음과 같다.

음절위치	독일어 자음소리																				
시작부분	p	b	t	d	k	g	f	v		z	ʃ	ç		h	ʦ	l	ʁ	m	n		j
끝부분	p		t		k		f	v	s		ʃ	ç	x		ʦ	l	ʁ	m	n	ŋ	

앞에서 우리는 독일어자음을 표기하는 문자가 음절의 시작부분보다도 끝부분에 더 많이 나타나는 것을 확인하였는데, 여기에서는 반대로 소리로써 독일어자음 자체는 음절의 시작부분에서 더 많이 나타나는 흥미로운 사실이 드러난다. 이는 독일어 음절의 끝부분에 나타나는 자음소리는 시작부분에서보다는 적지만 이 소리를 표기하는 문자는 더 많다. 즉, 음절의 끝부분에서의 독일어자음을 문자로 표시하는 방법이 더 다양하다는 것을 보여준다고 할 수 있다. 하지만, 이런 소리들의 전후에 어떤 소리가 나타나는가에 따라 특정한 동화현상이 일어나고, 이에 따른 소리변이형의 출현은 또 다른 영역의 담론을 유도한다. 이는 다음의 음절경계에서 논의하기로 한다.

3.3 음절경계 – 음절구분

음절경계와 경계변화

‘독일어 음절은 〈열린음절〉과 〈닫친음절〉로 구분되고, 최소한 [자음+모음]의 필수구조형태를 띤다’, ‘독일어 낱말은 단음절 또는 그 이상의 음절로 형성 된다’는 등의 우리의 독일어 이해능력을 되짚어 보면서 2 음절로 구성된 낱말 〈reisen〉['ʁaɪzən]과 〈reißen〉['ʁaɪsən]의 음절경계를 표시해보자. 〈reisen〉['ʁaɪzən]의 경우 우리는 분석적이기 보다는 직관적으로 문자음절은 〈rei-sen〉으로 그리고 소리음절은 ['ʁaɪ zən]으로 그 경계를 구분할 수 있다. 그러나 〈reißen〉['ʁaɪsən]의 경우에는 망설이게 된다. 만약 낱말 〈reißen〉의 소리가 ['ʁaɪsən]처럼 소리문자인 국제음성부호로 표시된 경우라면, 이를 〈rei-sen〉 ['ʁaɪ-zən]의 경우와 동일하게 우리의 언어경험에 의해 ['ʁaɪ sən]으로 분리하면 되기 때문에 경계구분을 할 때 망설일 필요가 없을 것이다. 그러나 이 낱말이 문자 〈reißen〉으로 표시된 경우, 이 낱말의 음절경계를 과연 〈rei-ßen〉으로 혹은 〈reiß-en〉으로 구분을 해야 할지 의문스러워지기 시작한다. 따라서 우리의 언어경험에 의해 ['ʁaɪ sən]으로 분리된 음절경계도 모호해진다.

여기에서 우리의 관심사를 〈문자음절〉을 [소리음절]로 전환하는 방법을 이해하는 것으로 고정한다면, 우선 〈reisen〉과 〈reißen〉의 문자음절을 구분하는 방법을 이해하는 것이 절실하다. 이를 위해서는 위에서 제시한 ‘독일어 소리음절은 〈열린음절〉과 〈닫친음절〉로 구분되어 표시될 수 있고, [자음+모음]형태의 최소 필수구조를 갖는다’는 내용이 최소한의 지식이 된다. 이를 기반으로 낱말 〈reißen〉['ʁaɪsən]의 음절경계를 살펴보자.

위에서 논의한 우리의 언어경험에 의해 제시한 [ˈʁaɪ sən]과 같은 음절경계구분은 바로 앞에서 제시된 표에 의거해서도 불합리하다. 이는 독일어자음 [s]는 음절의 시작부분에서는 나타나지 않고 음절의 끝부분에서만 나타나기 때문이다. 따라서 〈rei-ßen〉으로 혹은 〈reiß-en〉으로 구분해야 할지에 대한 의문은 예를 들어 〈ß〉와 〈dt〉 등과 같이 단순자음표시문자가 음절경계에 나타나는 낱말에서 제기될 수 있고, 그 외 〈ck〉, 〈chs〉, 〈ng〉, 〈nk〉, 〈pf〉, 〈sp〉, 〈tz〉 등과 같은 자음표시문자가 음절경계에 나타나는 경우에도 대두될 수 있다. 이는 '〈문자음절〉을 [소리음절]로 전환하는 방법을 이해한다'는 것은 소리음절의 이해에 더해 이를 음운론적으로 구분하는 방법 그리고 〈문자음절〉과 [소리음절] 간의 상관성도 이해해야 함을 의미한다. 다음 낱말들의 음절경계를 표시해보자.

Becken,	Sachsen,
drucken,	Schwester,
Ecke,	Sechstel,
Hacken,	Verwandter,
Mücke,	Wanken,
Katze,	witzig,
Köpfe,	Zapfen,
raspeln,	Zucker

위의 예들을 살펴보면, 자음표시문자를 다시 소리화하는 것은 음절경계에 나타나는 자음표시문자와 관련이 있고, 이를 통해 관련되는 소리들의 특성도 변화될 수 있음을 파악할 수 있다. 특히, 음절에 관한 우리들의 최소한의 지식인 '독일어 음절은 〈열린음절〉과 〈닫친음절〉로 구분되고, [자음+모음]형태의 최소 필수구조를 갖는다'는 내용과 2장에서 논의한 내용간의 차이는 낱말을 소리화하기 위해 문자의 음절

경계를 구분해야 하는 우리를 모호하게 한다.

그 예로 2장(76쪽)에서는 새로운 정서법에 따라 〈ck〉는 개별적인 한 소리단위로 인정된다고 했다. 또한 독일어 문자 〈ck〉는 음절 핵의 뒷부분에 나타나는 독일어 소리 [k]를 표기한다고 했다. 여기에 [자음+모음]형태의 최소 필수구조원칙을 적용해서 위 예시 중에서 해당되는 낱말을 음절구분하면

<Beck-en, druck-en, Eck-e, Hack-en, Mück-e, Zuck-er>

으로 문자음절을 구분할 수 있다. 하지만, 음운론적으로 [모음+자음+모음]이 음절경계를 이루는 경우, [모음]+[자음+모음]이 두 음절을 이루도록 구분해야한다(Duden 4, 2009:46-47, 78). 이에 따라 해당되는 낱말의 음절구분은

<Be-cken, dru-cken, E-cke, Ha-cken, Mü-cke, Zu-cker>

로 형성된다. 이 내용을 우리의 음절에 관한 최소지식과 음절 핵의 뒷부분 소리 [k]는 문자 〈k〉, 〈ck〉, 〈ch〉, 〈g〉로 표기된다는 위 도표설명을 참고하면, 〈ck〉가 〈Be-cken〉 등에서처럼 음절 핵의 앞부분에 위치하는 분류와 음절형태는 이해하기가 쉽지 않다. 이를 위해 〈문자음절〉을 통해 [소리음절]을 생산해야 하는 우리는 〈문자음절〉과 [소리음절] 간의 상관성, 즉 독일어 소리 [k]는 문자 〈k〉, 〈ck〉, 〈ch〉, 〈g〉로 표기되고, [k]가 음절관절Silbengelenk을 이루는 경우,[25] 입말에서는 [모음+자음

25 강세를 갖는 짧은 모음과 강세를 갖지 않는 모음으로 형성되는 음운형태의 낱말에서 그 두 모음 사이에 자음이 나타나는 경우, 이 자음을 음(절)관절이라 한다. 예를 들어, 음운낱말형태인 [ˈʃlɪtən]에서 [t]는 [ˈʃlɪt]와 [tən]에서 동시에 속하면서 [ˈʃlɪtən]으로 발음된다. 이런 경우를 음(절)관절이라 한다. 음운낱말[ˈʃlɪtən]에서 음절관절

+모음]의 형태를 띠지만, 글말에서의 문자표기는 〈모음〉+〈자음+모음〉의 형태를 띤다는 또 다른 분철원칙을 이해해야 하는 과제를 포함한다. 이는 결국 음절경계와 경계구분에 따라 즉, 여러 음절 낱말에서 각 음절의 음절 핵을 중심으로 자음이 연계된 음절의 어느 위치에 자음이 나오는가에 따라 자음의 특성(음가)은 물론 음절의 특성이 변화될 수 있음과 이에 따른 규칙을 이해해야 함을 의미한다.

음절 안에서 자음의 위치는 -여러 음절로 형성되는 낱말의 경우- 변화하는 경향을 보인다. 특히, 인칭-수-시간에 따른 동사변화와 파생어형 또는 복합어형성과 같은 조어현상으로 인한 낱말변화를 통해 자음위치는 언제나 변경될 수 있고, 이에 따른 자음특성 또한 변화하는 경향을 보인다. 예를 들어, 독일어 2음절 동사인 〈schreiben〉에 나타나는 자음표시문자 〈b〉는 음절 핵을 중심으로 음절시작부분에 나타나는지 또는 끝부분에 나타나는지에 따라 자음특성이 변화하고, 특히 유성음 또는 무성음 여부가 결정된다. 이를 음절경계를 기준으로 도표화하면 다음과 같다.

이 단일 소리인 [t]로 표시된 것과는 달리 문자로 표시된 낱말형태에서의 음절관절은 해당자음문자의 복자음형태로 표시된다. 따라서 위의 음운형태낱말인 [ˈʃlɪtən]은 문자낱말 〈Schli**tt**en〉으로 표시된다(Duden 4, 2009:76f). 하지만, 두 개의 동일한 자음이 아니더라도 음절관절로 인정되는 경우가 있는데, 이들에는 [ŋ], [ts], [ʃ] 그리고 [k] 등이다. 이들은 [ŋ]-〈ng〉, [ts]-〈tz〉, [ʃ]-〈sch〉, [k]-〈ck〉와 같은 문자를 통해 표시되고 [ŋ]-〈ng〉 : [ˈlʊ**ŋ**ə]〈Lun-ge〉, [ˈzɪ**ŋ**ən]〈sin-gen〉, [tˢ]-〈tz〉 : [ka**t**ˢə]〈Kat-ze〉, [kɪ**t**ˢəln]〈kit-zeln〉, [ʃ]-〈sch〉 : [va**ʃ**ən]〈wa-schen〉, [k]-〈ck〉 : [ba**k**ə]〈Ba-cke〉와 같은 낱말에서 그 예를 찾아볼 수 있다. 즉, 강세 있는 단모음과 강세 없는 단모음으로 형성된 낱말의 그 두 모음 사이에 나타나는 자음이 중복되어 나타나고, 앞음절과 뒤음절에 겹쳐 발음되는 자음형태를 음절관절이라 정의할 수 있는데, 우리의 관점에서 보면, 앞-뒤음절을 빠르게 연결해서 소리화하면 무난하다.

실현환경	동사형태	음절경계	위치와 실현형태
원형	schreiben	schrei-ben	<b>-시작부분-[b]
ich	schreibe	schrei-be	<b>-시작부분-[b]
du	schreibst	schreibst	<b>-끝부분-[p]
er	schreibt	schreibt	<b>-끝부분-[p]
명령형	schreib!	schreib!	<b>-끝부분-[p]
wir	schreiben	schrei-ben	<b>-시작부분-[b]
과거형	schrieb	schrieb	<b>-끝부분-[p]
과거분사	geschrieben	ge-schrie-ben	<b>-시작부분-[b]

지금까지 우리가 살펴본 예시낱말 안에서만 정리하면, 이런 음절경계변화는 자음이 나타나는 위치에 따른 파열음과 마찰음의 보완관계에 있고, 이 위치에서 [b, d, g, z]⇒[p, t, k, s]로 변화하는 경향을 보인다. 음절경계이동현상은 음절구분을 위한 원리나 우선규칙에 의해서 제한되는데, 이 내용은 다음 장의 논의 내용이다.

음절구분규칙

문자음절을 소리음절로 전환하는 과정에서 우선 필요한 것은 여러 개의 문자음절로 형성된 의미단위인 낱말을 단일 <문자>음절로 구분해서 파악하는 능력이고, 이를 독일어소리에 맞게 [소리]화하는 능력이다. 이런 의미단위 분절능력과 이를 언어(소리)화하는 능력은 - 우리의 관점에서 몇몇 간단한 예를 들면 - '여러 개의 낱말이 복합어를 형성하는 경우, 낱말의 경계에서 음절이 형성된다'는 낱말단위의 음절분리원칙에서부터 '근간어와 파생어미 또는 접두어 사이에서 음절이 형성된다'는 내용은 물론, '[p, t, k]와 뒤따르는 음들 [b, d, g, v, z, ʒ, ʤ] 들 사이에서 음절이 구분된다'는 것과 같은 음절구분규칙들을 근간으로 한다. 이에 더해 이런 규칙들이 다른 분절규칙들과의 관계 안에서 나타나는 우선규칙들에 관한 지식과도 연계되어 있다. 이런 연계성에 대해서는 낱말예시를 분석하는 과정에서 논의하기로 하고, 우선 2-3 음절로 형성된 낱말을 중심으로 우리가 독일어 문자음절을 소리음절로 전환하는데 이해해야 하는 최소한의 규칙들을 문자음절 및 형태소를 중심으로 제시하고, 이의 응용을 시도한다.

최소한의 규칙들을 적용해서 독일어 낱말을 음절구조로 파악하고, 이를 정확한 독일어 소리음절로 재생하는 능력은 독일어를 연습하다 보면 - 독일인들처럼 음절구분을 위한 원리나 규칙들을 모르면서도 - 점차적으로, 경우에 따라서는 부수적으로도 습득할 수 있다. 이렇게 필요와 조건에 따라 언어를 학습하는 과정을 자연적인 언어습득과정이라 한다. 우리가 그렇게 독일어소리를 이해하는 것이 바람직하겠지만, 언어경험에 기댄 소리습득은 외국어인 독일어를 배우는 우리들에게는 비현실적일 수밖에 없다. 따라서 여기에서 우리는 일반적인 〈문자음절〉 표시규칙에 따라, 즉

- 같은 자/모음표시문자들 사이에 우선순위를 두고(음절관절, 단-장모음표시),
- 낱말과 낱말사이에 우선순위를 두고(열린-닫친음철, 단음절 낱말, 복합어),
- 분리-비분리 전철과 낱말어간 사이에 우선순위를 두고(파생접두어),
- 낱말어간과 파생어 어미사이에 우선순위를 두고(파생접미어),

- 앞의 음절이 〈열린음절〉이 되도록 우선순위를 두고(독일어음절특성)

문자음절의 경계를 구분하고, 이를 소리음절로 전환해보자. 이 과정에서 위에서 제시한 규칙들 사이의 절대 우선순위에 대해서는 생각하지 말고, 두 규칙 또는 여러 규칙이 동시에 적용되는 곳에서의 음절경계 구분이 한 규칙이 적용되는 곳에서보다도 더 확실하다고 만 생각하자. 그리고 이런 문자음절을 소리음절로 전환하는데 필요한 규칙을 우리의 관점에 부합하도록 정리하고, 특별한 상황은 별도로 분리해서 익히도록 하자. 우선 위에서 제시한 〈문자음절〉구분에 대한 근거는 다음과 같이 요약될 수 있다.

- 앞의 음절이 〈열린음절〉이 되도록 우선순위를 둔다는 것은 독일어음절은 항상 최소한의 필수구조형태인 [자음+모음]을 갖는다는 사실을 근간으로, 문자로 표시된 음절이 자음으로 시작할 수 있도록 시각적으로 조정하는 효과를 바탕으로 한다. 따라서 〈모음+자음+모음〉표시문자가 연속으로 나타나면, 〈모음〉과 〈자음+모음〉을 표시문자 사이에서 음절을 구분한다. 즉, 모음으로 끝나는 〈열린음절〉과 자음으로 시작하는 〈닫친 음절〉과 사이에서 음절경계가 형성될 수 있도록 앞 음절이 〈모음〉을 표시하는 문자로 끝나도록 분절함을 의미한다.

- 같은 자음표시문자들 사이에 우선순위를 둔다는 것은 〈al-le, bitten, fül-len, hof-fen, stel-len〉에서와 같이 음절관절을 표시하는 동일한 〈자음〉표시문자를 앞-뒤음절에 배분하여 음절을 구분하는 것을 의미한다. 이런 경우 자음인 [ŋ], [ts], [ʃ], [k]를 표시하는 문

자인 〈ng〉, 〈tz〉, 〈sch〉, 〈ck〉 등도 음절관절을 표시한다는 내용을 근간으로 〈n-g〉, 〈t-z〉는 동일한 자음처럼 분절구분 한다. 하지만, 〈sch〉와 〈ck〉는 위서 설명했듯 '〈열린음절〉과 자음으로 시작하는 〈닫친 음절〉 사이에서 음절경계가 형성될 수 있도록' 하는 내용을 이해하는 것 또한 중요하다. 따라서 〈Lunge〉와 〈Katze〉 그리고 〈kitzeln〉은 〈Lun-ge〉, 〈Kat-ze〉, 〈kit-zeln〉으로 분절되지만, 〈waschen〉과 〈Backe〉는 〈wa-schen〉 그리고 〈Ba-cke〉로 음절이 분할된다(위 2장 자음표기문자 〈ck〉 참조). 동일한 모음표시, 예를 들어 〈aa〉, 〈ee〉, 〈oo〉와 같은 동일한 〈모음〉의 중복표시문자의 경우에는 두 가지 방법으로 접근할 수도 있다. 첫째, 동일한 모음으로 표시되는 문자를 -모음길이를 표시하는 문자 〈h〉와 같이- 음절을 시각적으로 연장하는 기능으로 이해할 수 있다(Duden 4, 2009:74). 둘째, 독일어 모음도 음절을 형성할 수 있다는 원칙을 바탕으로 복모음인 〈aa〉, 〈ee〉, 〈oo〉를 두 음절 〈a-a〉, 〈e-e〉, 〈o-o〉로 나누고, 동일자음으로 표시되는 음절관절의 경우처럼 이들을 연이어서 빠르게 발음해서 나타나는 결과적 장모음으로 이해할 수도 있겠다. 언어이론의 배경적 근거야 어떻든, 중복모음 표기문자는 길게 소리화해야 한다는 우리의 관점에서 중요한 점은 〈Aal, Saal, Haar, Paar, scheel, Heer, Meer, Teer, leer, Moor〉에서와 같이 〈aa〉, 〈ee〉, 〈oo〉는 〈r〉과 〈l〉 앞에서 그리고 〈Staat, Saat, Maat, Beet, Boot〉에서와 같이 〈t〉 앞에서도 나타나고, 〈Aas, Moos〉와 같이 드물게 〈s〉 앞에서도 나타나는 음운론적인 실현환경은 물론, 특히 〈ee〉는 〈Schnee, Tee, See, Fee〉에서와 같이 열린음절에서 나타나는 특징 등을 이해해야 한다.

■ 낱말어간과 파생어 어미사이에 우선순위를 둔다는 것은 파생접

미어, 예를 들어 〈-bar〉, 〈-chen〉, 〈-haft〉, 〈-heit〉, 〈-lein〉, 〈-ler〉, 〈-lich〉, 〈-ling〉, 〈-los〉, 〈-nis〉, 〈-sal〉, 〈-sam〉, 〈-schaft〉, 〈-tum〉, 〈-wärts〉 등과 같은 파생어미 앞에서는 언제나 음절을 구분해야 함을 의미한다. 단, 〈-ung〉은 문자음절구조를 따르는 경향을 보인다.

- 분리-비분리 전철과 낱말어간 사이에 우선순위를 둔다는 것은 파생접두어인 〈er-〉, 〈be-〉, 〈ge-〉, 〈ver-〉, 〈zer-〉, 〈ent-〉, 〈emp-〉, 〈miss-〉와 〈ab-〉, 〈ein-〉, 〈über-〉, 〈um-〉 등과 같은 비/분리전철 다음에서 음절을 구분해야 함을 포함한다.

- 낱말과 낱말사이에 우선순위를 둔다는 것은 문장에서 낱말과 낱말 사이 그리고 낱말과 낱말이 합해진 부분에서 음절이 구분됨을 포함한다.

위에 제시된 규칙들 외에도 물론 여러 가지 다른 규칙이 있을 수 있다.[26] 경우에 따라 여기 제시된 규칙을 바탕으로 여기에 제시되지 않은 다른 규칙들이 유추될 수도 있다. 이는 여기에 제시된 규칙에 의거하여 다른 여러 규칙들이 확대될 수도 있음을 함의한다. 아래에서는 우리가 독일어문자음절을 소리음절로 전환하는데 일차적으로 필요한 규칙을 정하고, 2-3음절로 형성된 낱말의 음절을 해당규칙에 의거해서만 분리-제시하고 있다.

이들은 음절의 전환을 위해 익혀야 하는 규칙들을 분석연습을 통해

26 우리의 관점에서는 상대적으로 어려울 수밖에 없는 다른 규칙들이 존재한다. 예를 들어, 주요강세와 그 외 강세와의 상이에 음절이 구분된다. [ʔ]와 [h]의 앞에서 음절이 구분된다. [ɐ, m̩, n̩, l̩] 등과 같은 소리 앞에서는 음절분절이 되지 않는다. 등의 규칙이 있다(Maas, 1999:244ff).

효과적으로 이해할 수 있도록 구성되어 있다. 다만, 낱말의 숫자가 조금은 많은 듯하고, 그로 인해 따분하게 느껴질 수 있을 수 있기에, 필요한 부분만을 제시하고 전체적인 목록은 부록에 수록했다. 물론, 많은 낱말들의 의미를 낱낱이 익히면서 음절을 분석하는 것도 의미가 있겠지만, 여기에서는 동사 그리고 동사와 관련된 파생낱말을 중심으로 제시했다. 우선은 '이런 낱말들도 있구나'라고 생각하고 읽어 내려가면서 음절특성을 파악해보자. 이 과정에서 위에서 제시한 간단한 규칙을 돌이켜 보면서 해당 예시의 낱말을 제시한 방법이 아닌 또 다른 음절구분방법이 가능한 경우, 그 음절경계를 표시하고 분절적합성을 파악해 보자.

규칙 1 : 〈모음 +자음 +모음〉이 연속으로 나타나면, 〈모음〉과 〈자음 +모음〉 사이에서 음절을 구분한다. 즉, 〈닫친음절〉과 〈열린음절〉이 상충하는 경우에는 앞의 음절이 〈열린음절〉이 되도록 우선을 둔다.

Be-such,	glau-ben,	Lie-be,
be-su-chen,	Glau-be,	lie-ben,
bu-chen,	hei-zen,	lö-sen,
dre-hen,	Hei-zung,	Lö-sung,
Du-sche,	hö-ren,	ma-len,
du-schen,	Hö-rer,	Ma-ler,
fah-ren,	kla-gen,	mei-nen,
Fah-rer,	kle-ben,	Mei-nung,
feh-len,	ko-chen,	Mie-te,
Feh-ler,	lä-cheln,	mie-ten,
Fra-ge,	la-chen,	Mie-ter,
fra-gen,	lei-ten,	pa-cken,
füh-ren,	Lei-ter,	Pa-ckung,
Füh-rung,	Lei-tung,	prü-fen,

Prü-fung,	Spra-che,	we-cken,
rau-chen,	spre-chen,	We-cker,
Re-de,	ste-cken,	woh-nen,
re-den,	Ste-cker,	Woh-nung,
Re-gel,	trei-ben,	zei-gen,
re-geln,	Trei-ber	Zei-ger,
Rei-se,	ü-ben,	zu-hör-en,
rei-sen,	Ü-bung,	Zu-hö-rer,
si-cher,	Wä-sche,	Zwei-fel,
si-chern,	wa-schen,	zwei-feln,

규칙 2 : (동일한) <자음>과 <자음>사이와 (동일한) <모음>과 <모음>사이에서 음절을 구분한다.

Fei-er,	span-nend,	Rent-ner,
fei-ern,	Span-nung,	sen-den,
Dau-er,	klap-pen,	Sen-dung,
dau-ern,	Klap-pe,	um-stei-gen,
schau-en,	ret-ten,	um-tau-schen,
Schau-er,	Ret-tung,	um-zie-hen,
Steu-er,	Far-be,	Um-zug,
steu-ern,	far-big,	un-ter-hal-ten,
tref-fen,	brem-sen,	Un-ter-hal-tung,
jog-gen,	Brem-se,	Un-ter-richt,
fal-len,	han-deln,	un-ter-rich-ten,
stel-len	hän-gen,	un-ter-schei-den,
Stel-le,	ler-nen,	Un-ter-schied,
Stel-lung,	Ler-ner,	Un-ter-schrei-ben,
Stim-me,	ord-nen,	Un-ter-schrift,
stim-men,	Ord-ner,	ver-kaufen,
Stim-mung,	Ord-nung,	Ver-käufer,
bren-nen,	rech-nen,	ver-teidigen,
Bren-nung,	Rech-nung,	Ver-teidigung,
span-nen,	Ren-te,	ver-treten,

Ver-treter,	wan-dern,	wun-dern,
Ver-wal-ten,	Wan-de-rung,	Wür-fel,
Ver-wal-tung,	wir-ken,	wür-feln,
vor-stel-len,	Wir-kung,	zeich-nen,
Vor-stel-lung	Wun-der,	Zeich-nung

규칙 3 : <-bar>, <-chen>, <-haft>, <-heit>, <-lein>, <-ler>, <-lich>, <-ling>, <-los>,<-nis>, <-sal>, <-sam>, <-schaft>, <-tum>, <-wärts> 등과 같은 파생어미 앞에서 음절을 구분한다.

dank-bar,	jugend-lich,	Verständ-nis,
unbezahl-bar,	mög-lich,	Zeug-nis,
wunder-bar,	natür-lich,	Schick-sal,
Bröt-chen,	öffent-lich,	Trüb-sal,
Hähn-chen,	persön-lich,	aufmerk-sam,
Mäd-chen,	pünkt-lich,	ein-sam,
Mär-chen,	schrift-lich,	gemein-sam,
sagen-haft,	sport-lich,	grau-sam,
traum-haft,	wirt-schaft-lich,	lang-sam,
Frei-heit,	Aufmerk-sam-keit,	spar-sam,
Gesund-heit,	Mög-lich-keit,	Freund-schaft,
Krank-heit,	Öffent-lich-keit,	Gewerk-schaft,
Mehr-heit,	Wirk-lich-keit,	Land-schaft,
Minder-heit,	Sehens-würdig-keit,	Landwirt-schaft,
Sicher-heit,	Früh-ling,	Mann-schaft,
Wahr-heit,	Häft-ling,	Schwanger-schaft,
Fräu-lein,	Lehr-ling,	Wissen-schaft,
Sport-ler,	Lieb-ling,	Eigen-tum,
Wand-ler,	stimm-los,	Irr-tum,
ängst-lich,	mittel-los,	Da-tum,
durchschnitt-lich,	Kennt-nis,	Wachs-tum,
fröh-lich,	Ergeb-nis,	ab-wärts,
häss-lich,	Erlaub-nis,	vor-wärts,
hoffent-lich,	Verhält-nis,	rück-wärts

규칙 4 : <er->, <be->, <ge->, <ver->, <zer->, <ent->, <emp->, <miß-> 와 <ab->, <ein->, <über->, <um-> 등과 같은 비/분리전철 다음에서 음절을 구분한다.

er-fahren,	ge-fallen,	ent-decken,
er-halten,	ge-hören,	ent-fernen,
er-holen,	ge-schehen,	ent-halten,
er-innern,	ver-bessern,	ent-lassen,
er-klären,	ver-bieten,	ent-scheiden,
er-lauben,	ver-binden,	ent-schlossen,
er-leben,	ver-brauchen,	ent-sprechen,
er-ledigen,	ver-dienen,	ent-täuschen,
er-nähren,	ver-geben,	ent-werfen,
er-reichen,	ver-gessen,	ent-wickeln,
er-scheinen,	ver-gleichen,	emp-fangen,
er-warten,	ver-größern	emp-fehlen,
er-zählen,	ver-haften,	miss-verstehen,
er-ziehen,	ver-kaufen,	an-heben,
be-deuten,	ver-langen,	an-kommen,
be-ein-flussen,	ver-längern,	an-melden,
be-fragen,	ver-letzen,	an-nehmen,
be-gegnen,	ver-lieben,	an-rufen,
be-ginnen,	ver-lieren,	an-ziehen,
be-greifen,	ver-mitteln,	an-zünden,
be-haupten,	ver-reisen,	ab-fahren,
be-kommen,	ver-schmutzen,	ab-fliegen,
be-leidigen,	ver-sichern,	ab-holen,
be-richten,	ver-späten,	ab-lehnen,
be-schäftigen,	ver-sprechen,	ab-melden,
be-sitzen,	ver-stehen,	ab-nehmen,
be-stellen,	ver-suchen,	ab-schließen,
be-trügen,	ver-wechseln,	ab-senden,
be-werben,	ver-teilen,	ab-trocknen,
be-zahlen,	ver-trauen,	auf-fordern,
be-ziehen,	zer-reißen,	auf-geben,
ge-brauchen,	zer-stören,	auf-hören,

auf-passen,	ein-schalten,	unter-halten,
auf-räumen,	ein-schlafen,	unter-richten,
auf-schreiben,	ein-steigen,	unter-scheiden,
auf-stehen,	ein-zahlen,	unter-schreiben,
aus-füllen,	ein-ziehen,	unter-suchen,
aus-geben,	hin-kommen,	vor-aus-setzen,
aus-gehen,	hin-stellen,	vor-bereiten,
aus-machen,	nach-schlagen,	vor-fahren,
aus-packen,	über-fahren,	vor-kommen,
aus-rechnen,	über-nachten,	vor-schlagen,
aus-reichen,	über-queren,	vor-stellen,
aus-schalten,	über-raschen,	weg-fahren,
aus-steigen,	über-reden,	weiter-gehen,
aus-stellen,	über-setzen,	weiter-lesen,
ein-fallen,	über-weisen,	wider-sprechen,
ein-kaufen,	über-zeugen,	wider-spiegeln,
ein-laden,	um-leiten,	wieder-holen,
ein-packen,	um-steigen,	will-kommen,
ein-richten,	um-ziehen,	zusammen-arbeiten

규칙 5 : 문장의 낱말과 낱말 사이 및 낱말과 낱말이 합해진 부분에서 음절을 구분한다.

Ich-weiß-es-nicht,	Geburts-datum,	nach-denken,
Ich-bin-Thomas,	halb-jährlich,	Nahrungs-mittel,
Ansichts-karte,	Halte-stelle,	Ober-schicht,
arbeits-los,	Hand-arbeit,	Post-leit-zahl,
Arbeits-mittel	Herzens-wunsch,	Reise-vorschrift,
Atom-kraft-werk,	Himmels-richtung,	Sprech-stunde,
Bade-wanne,	Kleider-geschäft,	Standes-amt,
Bauern-hof,	Kranken-haus,	statt-finden,
Berufs-schule,	Kühl-schrank,	staub-saugen,
Eigentums-wohnung,	Lebens-gefahr,	Stunden-plan,
Eis-kunst-lauf,	Mineral-wasser,	Tages-form,
Familien-name,	mit-nehmen,	teil-nehmen,

Trink-geld,	Volks-musik,	Wort-schatz,
Über-stunde,	Welt-all,	Zahn-bürste,
Über-tragung,	Werk-zeug,	Zebra-streifen,
Verkehrs-mittel,	Wochen-ende,	Zeitungs-kiosk
Versicherungs-karte,	Wohn-gemeinschaft,	Wörter-buch,
Volks-hoch-schule,	Wort-art,	

우리는 독일어 문장 안에 나타나는 낱말들을 구분하여 띄어 읽는다. 또한 두 개 이상의 낱말이 합해 형성된 낱말을 구분-분리하여 읽고, 이들을 다시 재결합시켜 합성된 새로운 의미를 유추한다. 이는 우리가 우리말과 다른 외국어학습과정에서 배운 낱말형성과 의미결합의 유사성을 통해 음절의 의미와 그 구분방법을 이미 습득하고 있음을 의미한다. 더욱이 중첩표시문자가 포함된 낱말의 음절구분에 관한 지식 등도 이미 학습한 언어와 독일어의 유사성에 기대어 익힌 학습결과라 할 수 있다. 하지만 독일어 음절이 다른 언어와 유사한 점도 있지만, 반대로 상이한 점도 있다는 사실을 파악하지 못하면, 기왕의 음절구분에 대한 지식은 올바른 독일어 음절구분을 위한 장해요소로 작용할 수도 있다. 결과적으로 독일어 소리가 아닌 전혀 이해할 수 없는 소리로 발음될 수 있음을 명확히 해야 한다. 특히, 독일어 낱말경계에 나타나는 낱말 접합요소[Fugenelemente]인[27] 〈-e-〉, 〈-s-〉, 〈-es-〉, 〈-n-〉,

27 복합어/합성어에 〈-e-〉, 〈-s-〉, 〈-es-〉, 〈-n-〉, 〈-en-〉, 〈-er-〉, 〈-ens-〉 등으로 나타나는 낱말접합요소[Fugenelemente]는 계열체계적인[paradigmatisch] 요소와 계열비체계적인[unpardigmatisch] 요소로 분류할 수 있다. 계열체계적인 요소란 예를 들어 〈die Schule des Beruf(e)s〉의 의미를 가진 복합어인 〈Berufsschule〉가 형성될 때, 첫 번째 요소인 〈Berufs〉가 〈die Schule des Beruf(e)s〉에서의 〈Beruf(e)s〉와 똑같은 형태인 〈die **Berufs**-schule〉로 형성되는 것을 의미한다. 이때 이 접합요소〈-s〉는 문법적인 의미를 표시하지는 않는다. 계열비체계적인 접합요소는 복합어가 형성될 때, 복합어 첫 번째 요소에 똑같은 형태가 나타나지 않는 것을 의미한다. 독일어의 유일한 계열비체계적인 접합요소는 〈-s-〉이다. 〈-s-〉는 여성을 표시하는 파생어미 뒤와 〈-t〉로 끝나는

〈-en-〉, 〈-er-〉, 〈-ens-〉 등의 분철과 발음에 유의해야 한다. 큰 음절 영역 안에서는 우리말과 독일어 음절구분방법이 서로 비슷할 수도 있겠지만, 분절음절을 다시 소리화해야 하는 우리의 관점은 다른 의미를 포함한다. 우리의 관점에서 보면, 문자음절을 소리음절로 전환하는 방법에 관한 지식은 독일어를 읽거나 더 나아가 독일어로 자신의 의사를 전달하고자 할 때 특별한 자신감을 준다. 여기에서 익힌 음절전환지식을 잘 운용하고 적절하게 응용하는 습관은 다음 4장의 독일어 억양에서 논의할 독일어발화운율과 화용운율의 기틀을 형성하는데 초석이다.

여성명사 뒤에 예를 들어 〈Zeitungs-kiosk, arbeits-los〉에서와 같이 규칙적으로 나타난다. 복합어가 형성될 때 낱말접합요소가 임의적으로 추가되거나 삭제되는 것은 아니다. 접합요소의 삽입여부와 종류선정은 복합어의 첫 번째 낱말의 음운적인 그리고 형태론적인 특성에 따라 결정되어 진다(Duden 4, 2009:714-716).

4

독일어 억양

4.1 억양의 종류

언어소리의 억양분할은 언어의 리듬구조를 형성한다. 이 리듬구조를 운율이라 한다. 이는 텍스트의미의 특정한 해석만을 용인하는 도구로 해석될 수 있다. 각 개별 음절의 고-저 및 장-단을 넘어서는 운율요소prosodisches Merkmal는 휴지구성 등과 함께 한편으로는 언어의미를 전달하기 위한 요소로 다른 한편으로는 언어소리의 특정한 의미해석만을 유도하는 중요한 언어요소로 이해될 수 있다.

여기에서는 독일어의 운율적인 요소 중에서 악센트분할범주를 중심으로 낱말 안에서는 낱말악센트Wortakzent, 문장범주 안에서는 문장악센트Satzakzent로 이해한다. 특히, 낱말 또는 문장악센트를 기반으로 하고 화자의 의사소통을 위한 의미단위 그리고 화자의 의도전달을 위해 실현되는 운율적 특징요소를 억양Intonation으로 이해하기로 한다.[28]

억양은 언어적인 의미전달단위 또는 문장의 문법구조적인 순서 및 배열조정 없이 언어소리의 특정의미를 유도하고 언어를 통한 정보전달행위를 명확하게 한다. 즉, 의미단위를 구성하는 소리뭉치의 억양 그 자체만을 조정함으로서 화자의 특정한 의미전달과 이에 따른 언어적 화용행위인 '설명' 또는 '질문' 혹은 '요구' 등을 실현할 수 있게 하고, 청자가 이런 행위를 정확하게 해석할 수 있도록 유도한다. 이런 억양분할현상은 멜로디악센트와 음성역학적 악센트 그리고 시간악센

28 언어 구조적으로 나눌 수 있는 소리와 그 소리를 표시하는 표시문자범위를 넘어, 언어의 구조와 연계구조 그리고 그 변이구조에 까지도 영향력을 행사하는 특징을 가진 억양요소를 초분절적 요소Suprasegmentales Merkmal라 한다. 여기에서는 'Wort/Satz-akzent/-tongebung, Wort/Satzbetonung' 등의 용어를 통해 적용영역을 구분-제한하지 않고, 개별적인 의미전달단위전체를 아우르는 강세분할을 '억양'으로 이해하기로 한다.

트[temporaler Akzent]를 기반으로 한다.

멜로디 악센트[melodischer Akzent]

멜로디라는 낱말이 의미하듯, 음악에서의 음계와 비슷한 높낮이를 통해 강조하려는 음절을 다른 음절보다도 더 높거나 낮게 발음하는 상대적인 억양형태를 말한다. 특히, 멜로디 억양은 음성역학억양을 통해 강세가 표시된 음절들 사이에서 음절의 중요성을 강조하기 위해 사용되는 경향을 보인다. 여기에는 – 우리가 관심을 가지고 쉽지 않지만 꼭 익혀야 하는 – 소리의 '강–약'과의 상호 역학관계가 작용한다.

음성역학 악센트[dynamischer Akzent]

음성역학이라는 낱말이 의미하듯 이 억양은 한 모음이나 장음을 주변의 다른 음절과 비교해 소리를 강하게 또는 크게 발음하여 악센트를 주는 억양형태를 말한다. 음성역학적인 억양은 주로 특정한 음절이나 낱말을 다른 그것들에 비해 강조할 때나 강세를 표시할 때 사용된다. 여기에 소리의 '고–저'와 상호 역학관계가 작용한다.

시간 악센트[temporaler Akzent]

시간적인 억양은 강조되어야 할 음절을 길게 발음하는 방법을 통해 강세를 주는 억양형태를 말한다. 이때 강조되는 음절의 핵은 언제나 길고 긴장된 발음형태를 띈다. 따라서 시간적인 억양형태는 음성역학억양과 긴밀하게 연관되어 있다고 볼 수 있고, 이는 언어화용에서 강조되는 음절이나 낱말이 길게 발음되는 것을 통해 확인된다. 결과적으로 시간적인 억양에서는 – 특히 앞의 2장 모음표시문자에서 논의한 –

소리의 '장-단'역학관계가 작용한다고 볼 수 있다. 따라서 짧고 이완된 모음에서는 시간악센트가 나타나지 않는 것으로 이해할 수 있다.

이 세 억양의 조화 또는 부조화에 관한 내용은 언어소리를 다루는 음성학/음운론, 낱말과 낱말생성을 다루는 형태론 그리고 문장에 관한 내용을 중심으로 논의하는 통사론 등으로 표현되는 언어학의 한 영역에 한정해서 설명하기가 어렵다. 예를 들어, 독일어 낱말 <nach>가 동사나 명사의 구성요소인 <'nachbestellen>일 때는 악센트를 갖지만, <Ich fahre nach Ber'lin.>이라는 문장에서 전치사로 사용될 때는 악센트를 갖지 않기 때문이다.

또한 시간 악센트는 음절이 길게 발음되는 현상을 통해 실현되기 때문에 짧고 이완된 모음에서는 나타나지 않는다. 하지만 실제 발화 현상에서는 다르게 나타날 수도 있다. 특히, 화자의 강한 정보전달의도가 반영되고, 이에 따른 발화조건이 적합한 경우에 그렇다. 예를 들어, <es schmeckt!(sehr gut)>과 <es schmeckt nicht!(sehr gut)>에는 시간악센트를 통해 화자의 강도 높은 발화의도가 반영될 수 있는 조건을 갖추고 있다. 즉, 짧고 이완된 모음의 앞뒤에 나타나는 자음이 길게 발음될 수도 있는 공명음/마찰음이기 때문에 <es schmeckt!(sehr gut)>가 [εs'ʃm:ε:kt]로 그리고 <es schmeckt nicht!(sehr gut)>가 [εs'ʃm:ε:ktn:ɪ'ç:t]로 실현될 수도 있게 된다. 이 과정에서 짧고 이완된 모음 [ε] 앞의 [m]이 [m:]으로 그리고 [ε]가 [ε:]로 길게 발음되고 이에 따른 악센트를 가진 음절 ['ʃm:ε:kt]로 실현되면서 화자의 감정이입이 가능하게 된다. <nicht>의 경우에도 [n:ɪ'ç:t]로 실현되면서 짧고 이완된 모음 [ɪ]의 앞뒤의 자음인 [n:]과 [ç]가 [n:]과 [ç:]로 길게 발음되고 또 ['ç:]에 강세가 유지되는 현상을 보일 수도 있다. 이런 현상은 낱말악센트가 고정된 규칙에 의해 나타나는 것이 아니라, 발화상황에서 화자의 정보전달을 위한 언어화용에 따라서 조정되고 모든 영역을 대상으로 확대될 수 있

음을 의미한다.[29]

독일어모음의 '고-저'와 '강-약' 그리고 '장-단'요소는 독일어음절의 음높이와 성량 그리고 발화시간과의 연계성을 갖고, 음절에 특별한 의미를 부여한다. 우리가 강한 악센트를 가진 음절을 중심으로 그 전후에 나타나는 다른 음절과 비교해서 보면

- 강한 악센트를 가진 음절의 앞에 나오는 음절은 짧게 발음되는
- 강한 악센트를 가진 음절은 높게, 크게 그리고 길게도 발음되는
- 강한 악센트를 가진 음절의 뒤에 나오는 음절은 낮게 발음되는
- 강한 억양을 가진 음절의 뒤에 나오는 음절의 [e]는 약하게 발음되는

경향을 보이고, 이들에 대한 특징적 예시를 제시할 수가 있다. 그러나 이들을 멜로디악센트⇔'고-저', 음성역학악센트⇔'강-약' 그리고 시간악센트⇔'장-단'으로 관련지어 구분할 수 있다 하더라도, 별개의 요소로 분리하는 것은 불가능하다. 이들 간의 연계는 언어화용에 따른 실현형태 안에서 항상 변화가능성이 존재하기 때문이다. 따라서 독일어억양에 관한 논의는 개개의 의미단위 영역에서의 획일적인 구분보다는 의미단위의 화용영역을 중심으로 논의되어야 한다.

29 이와 같이 음절, 낱말 그리고 문장과 같은 특정한 분할영역을 넘어서서 나타나는 언어적인 특징을 초분할영역적 특성suprasegmantales Merkmal이라고 표현하기도 한다. 독일어소리연결이 음절로 실현되고, 우리는 이를 확대해서 낱말과 문장에 적용하고 또 이 적용능력을 통해 화자가 원하는 언어화용을 실현시킨다는 확대-고리구조를 전제로 낱말악센트와 문장악센트를 초분할영역적인 특성으로 이해한다.

4.2 낱말억양

독일어 단순한 낱말들은 마지막 음절에 강세가 나타나는 것이 원칙이지만(Duden 4, 2009:48) 마지막음절에 강세가 나타나지 못할 경우, 그 앞 음절에 강세가 나타난다. 예를 들어 〈aktive〉, 〈aktiven〉, 〈lange〉, 〈langen〉, 〈Ecke〉, 〈Ecken〉 〈Miete〉, 〈mieten〉, 〈Schule〉, 〈habe〉, 〈haben〉, 〈Segel〉, 〈segeln〉, 〈Esel〉, 〈schreiben〉, 〈wegen〉, 〈heute〉 등과 같은 형용사나 부사 그리고 명사와 동사의 마지막음절이 〈-e〉, 〈-en〉, 〈-el〉, 〈-eln〉 등으로 끝날 경우에는 그 앞 음절에 강세가 나타난다. 이는 문자 〈e〉로 표기되는 [ɛ]가 강세를 취할 수 없는 [ə]로 실현되는 경우에 그 앞 음절에 강세나 오는 것을 의미한다. 이런 경우에 속하는 것은 〈-el〉, 〈-eln〉 등으로 끝나는

- 동사가 시간과 인칭에 따른 어형변화를 할 경우, 또는
- 동사가 현재분사로 변형되어 명사의 성과 수에 따른 변화를 할 때, 그리고
- 축소접미사가 연계되어 나타나는 끝음절 연계형태들이다.

이들은 예들 들어 〈-ender〉, 〈-endes〉, 〈-endem〉, 〈-enden〉; 〈-elte〉, 〈-eltest〉; 〈-elnder〉, 〈-elndes〉, 〈-elndem〉, 〈-elnden〉; 〈-elchen〉 등으로 한편으로는 모음동화에 의해 약화된 모음형태로 나타나는 현상으로 이해할 수도 있다. 다른 한편으로는 독일어에서 - 몇몇의 외래어에 나타나는 접미어를 제외하고는 (아래 130쪽 참조) - 어형변화접미어에는 강세가 오지 않는다는 일반적인 현상에 기인하는 것으로도 이해가 가능하다. 어형변화에 따른 강세분할에 대한 이해를 돕기 위해 동

사 <haben> 및 <segeln> 그리고 명사 <Segel>을 예시로 격과 남성명사 (2) 및 과거 1인칭과 2인칭(1)변화 그리고 명사축소형(3)에 따라 제시하면 다음과 같다.

1	segeln	se-**gelte**		se-**geltest**	
2	haben	ha-**bender**	ha-**bendes**	ha-**bendem**	ha-**benden**
2	segeln	se-**gelnder**	se-**gelndes**	se-**gelndem**	se-**gelnden**
3	Segel	Se**gelchen**			

독일어동사의 악센트는 일반적으로 어근에 나타나는 것으로 알려져 있으나,[30] 접두어를 통해 어형이 변화되는 경우, 아래 예시와 같이 악센트의 위치가 변화한다.

'kommen kam ge'kommen	'---- - -'--
be'kommen be'kam be'kommen	-'-- -'- -'--
'abkommen 'abkam 'abgekommen	'--- '-- '----
'abbekommen 'abbekamm 'abbekommen	'---- '--- '----
zu'vorkommen zu'vorkam zu'vorgekommen	-'--- -'-- -'----

위의 예시 동사 <kommen>을 통해서 확인할 수 있듯, 독일어 낱말 안에서의 악센트위치도 항상 특정한 음절에 고정되어 있는 것은 아니다. 위 도표에서도 접두어 <be->와 <ge->에는 억양이 나타나지 않는 것을

30 낱말 안에서의 악센트에 대한 내용은 Duden 4(2009: 48-50)을 참고하고, 이로 인해 발생할 수 있는 학습상의 문제점에 대한 논의는 Yeo(2005: 61-64)를 참고한다.

관찰할 수 있듯, 동사의 비분리전철 특히 〈er-〉, 〈be-〉, 〈ge-〉, 〈ver-〉, 〈zer-〉, 〈ent-〉에는 강세분할이 되지 않는다(Duden 4, 2009:49). 하지만, 〈zu〉와 〈vor〉가 합해진 〈zu'vor〉에서는 〈vor〉에 악센트가 주어지는 것을 볼 수 있다. 2음절 부사인 〈zuvor〉는 독일어 단순낱말은 마지막 음절에 강세가 나타나는 음절원칙에 따라 악센트가 나오는 것으로 이해하면 된다. 따라서 낱말강세의 일부를 다음과 같이 정리할 수 있다.

독일어 단순낱말은 마지막, 그렇지 못할 경우에는 그 앞 음절에 강세가 나타난다.
동사의 비분리전철에는 강세가 오지 않는다.

이 원리에 의거하면 분리 가능한 전철과 분리가 불가능한 동사전철의 강세분할도 명확해진다. 분리와 비분리를 구별할 필요가 없는 명사의 경우에도 동사와 마찬가지로 전철이 나타나는데, 〈un-〉, 〈ur-〉, 〈miss-〉, 〈erz-〉와 같은 명사전철에는 동사의 분리전철처럼 강세가 온다. 특정한 동사들은 분리전철과 비분리전철을 동시에 포함하는 경우도 있다. 예를 들어 〈durchbrechen〉, 〈umfahren〉, 〈überlegen〉, 〈übersetzen〉, 〈unterstellen〉 등과 같은 동사들은 의미에 따라 전철이 분리되는 낱말로 이해될 수 있다. 이들의 강세를 구분하고, 낱말의미에 따른 분리가능성을 전철의 원래의미와 연계하여 정리하면 다음과 같다.

전철	비분리	의미	분리	의미
durch	durchbrechen	극복하다	durchbrechen	(둘로) 나누다
um	umfahren	주위를 돌다	umfahren	차로 치다
über	überlegen	숙고하다	überlegen	덮(어주)다
	übesetzen	번역하다	übesetzen	건네주다
unter	unterstellen	가정하다	unterstellen	놓어두다

위의 논의를 통해서 우리에게 다시 명확해지는 것은 악센트 규칙은 음절을 이루는 소리에 관한 것뿐만이 아니라, 낱말을 이루는 다른 영역과도 밀접하게 연관되어 있다는 사실이다. 이런 맥락에서 접두어뿐만이 아니라 접미어의 경우도 낱말의 강세분할과 밀접한 관계를 갖는다: 대부분의 접미어에는 악센트가 분할되지 않는다. 이와는 반대로 외래어에서 나타나는 접미어, 예를 들어 〈Sozia'list〉의 〈-ist〉와 〈Musi'kant〉의 〈-ant〉 등은 강세를 갖는다. 이와 유사한 외래어표기를 위한 접미어들은 다음과 같다.

〈-abel, -age, -(i)al, -and, -anz, -är, -at, -ell, -ent, -ei, -enz, -euse, -ibel, -ier, -ine, -ion, -ität, -iv, -os, -ös, -nal, -nell, -ur 〉

접미어 중에 특이한 성질을 가진 것들도 있는데, 예를 들면 〈-isch〉는 바로 그 앞 음절에 강세분할이 가능하면 그 곳에 강세를 유지하고(kore'anisch), 〈-or〉은 낱말의 끝에 오면 강세가 없으나('Lek-tor), 강세가 오지 않는 음절이 뒤를 이으면 (Lek-'toren) 그 자체에 강세가 나타난다(Duden 4, 2009:49). 이런 논의들은 결국 강한 억양을 동반하는 단순 독일어낱말은 일반적으로 낱말어근의 마지막 또는 그 전 음절에 그 강세가 분할되어 나타나는 경향을 보이고, 이런 강세분할경향은 끝음절 연계형태 또는 접두어와 접미어와 같은 낱말구성체가 결합하여 새로운 낱말을 생성하는 경우, 그리고 이로 인해 낱말의 품사가 전환되는 경우에도 몇몇 외래어의 경우를 제외하고는 변하지 않는다는 것을 의미한다.

강한 억양이 분할되지 않는 즉, 강세를 동반하지 않는 낱말구성체는 낱말의 어근 앞과 어근 뒤에 오는 경우로 구분할 수 있다. 낱말어근의 앞에 오는 낱말구성체로는 비분리전철로 알려져 있는 〈be-, ge-, er-, zer-, ver-, ent-> 그리고 <miß->[31] 등이다. 비강세 낱말구성체로서 낱말어근의 뒤에 오는 구성체는 어근의 앞에 오는 구성체 보다 많다. 이들은 이미 앞의 3장 음절구분에서 논의된 것과 같이 <-bar>, <-chen>, <-haft>, <-heit>, <-lein>, <-ler>, <-lich>, <-ling>, <-los>, <-nis>, <-sal>, <-sam>, <-schaft>, <-tum>, <-wärts> 등과 <-er>, <-erlich>, <-ig>, <-ig-keit>, <-selig>, <-ung> 등과 같은 형태접미어가 대부분을 이룬다. 이들 중의 일부를 낱말의 구성위치와 품사를 중심으로 예시로 도표화하면 다음과 같다.

앞	어근	뒤	동사	형용사	명사
be-			be-'suchen		Be-'such
		-bar		'furcht-bar	
ge-			ge-'schehen	ge-'heim	Ge-'tue
		-chen			'Fenster-chen
er-			er-'fahren		Er-'satz
		-haft		'nam-haft	
zer-			zer-'fallen		Zer-'fall
		-heit			'Kind-heit
ver-			ver-'suchen		Ver-'such
		-lich		'herr-lich	
ent-			ent-'gehen		Ent-'scheiden
		-sam		'selt-sam	
miß-			miß-'achten		'Miß-achtung
		-ig		'mut-ig	
		-ung			Ent-'scheidung

2개의 단순낱말이 결합하여 형성된 복합어[Kompositum/Zusammensetzung]인 경

31 하지만 <miß->가 명사를 형성하는 경우, 예를 들어 <[e] 'Miß-achtung, [e] 'Miß-bildung, [r] 'Miß-erfolg, [r] 'Miß-kredit, [s] 'Miß-trauen> 등과 같이 명사로 사용되는 경우에는 강한 억양이 <Miß->에 분할된다.

우의 강세분할은 첫 번째 낱말에 나타난다. 따라서 '규정어+근간어'로 형성된 2음절 복합어는 항상 규정어에 악센트가 나타난다. 이 첫 번째 낱말인 규정어의 악센트 위치도 독일어 단순낱말에 나타나는 강세분할원칙에 의해 나타난다.

'Rot-stift, 'Bahn-hof, 'Fahr-schule, 'Auto-reifen, 'Koch-topf, 'Post-amt, 'Kord-hose, 'Buch-laden, 'Eis-bär, 'Lese-brille, 'Turn-hose

예외:

Jahr'hundert, Jahr'zehnte, Jahr'tausend, strom'abwärts, strom'abwärts, Kilo'meter

3개의 단순낱말이 결합하여 형성된 복합어도 2음절 복합어에서와 같이 규정어에 악센트가 온다. 하지만, 이 경우에는 '규정어'와 '근간어'간의 관계가

1. (a+('b+c)),
2. ('a+(b+c)),
3. (('a+b)+c)

와 같이 여러 형태로 존재할 수 있다(Duden 4, 2009:50). 따라서 악센트분할의 어려움이 존재할 수도 있다. 특히, 이런 복합낱말구성체들의 의미관계는 여러 가지로 분석될 수 있기 때문에 악센트분할에 어려움은 항상 존재한다(Yeo, 2005:62f).

하지만, 우선 2. ('a+(b+c))와 3. (('a+b)+c)의 구조를 살펴보면 맨 앞의 규정어에 악센트가 분할되는 것을 관찰할 수 있다. 그렇지 않은 1. (a+('b+c))과 같은 의미구조를 가진 예를 들어 <Welt-'hungershilfe>, <Bundes-'außenminister>, <Verwaltungs-'nebenstelle>에서 <'Hungershilfe,

'Außenminister, 'Nebenstelle> 등에서와 같이 의미상으로 거의 단순어에 가까운 낱말구조를 포함하는 복합어의 규정어에 유의하면 무리는 없어 보인다. 이는 (a+('b+c))의 의미구조를 가진 복합어의 경우, ('a+(b+c))와 같이 맨 앞 규정어에 악센트가 분할된다 해도, 언어화용에 커다란 문제는 없어 보이는 것을 함의한다. 우리의 문제는 어떤 낱말이 단순어와 비교할 만큼 일반화되어 있는지를 파악하는 것이라 할 수 있다. 이를 위해 다음의 예시들의 악센트를 위의 3가지 유형에 따라 구분하고 이들의 의미구조를 분류-비교하고 한 후위 1, 2, 3과 비교-규정하고 이유를 기록해보자.

Autobahnausfahrt,	Nebenstellenleiter,
Busbahnhof,	Kinderspielzeug,
Eisenbahnstrecke,	Personkraftwagen,
Fernverkehrsstraße,	Staßenbahnlinie,
Hauptbahnhof,	Studentenwohnheim,
Frauenparkplatz,	Taxihaltestelle,
Hauptverkehrszeit,	Verkehrsknotenpunkt,
Lastkraftwagen,	

4.3 문장억양

우리는 이해 가능한 독일어소리를 연결하여 음절로 실현하고, 이를 낱말과 문장에 적용-확대시키는 실현고리구조를 통해 언어사용능력이 향상된다는 전제하에 낱말 악센트와 문장 악센트를 넓은 의미에서 억양으로 이해했다. 이를 달리 표현하면, 낱말 및 낱말뭉치 그리고 문장구조를 포함하는 언어뭉치가 언어구조이외에도 언어화용의미를 위해 사용된 문자구조이외의 것을 포함하는 것을 의미한다. 이 '문자구조이외의 것'에는 언어단위가 정보전달을 위한 단위로서 역할을 수행할 때 나타나는 언어소리의 높음과 낮음, 강함과 약함 그리고 길음과 짧음 등이 포함되고, 우리는 이를 억양으로 이해하는 것을 함의한다.

언어적인 정보전달단위가 억양을 갖는다는 의미는 발화목적과 감정이입이 낱말 (멜로디, 음성역학, 시간)악센트와 이들의 특성(고-저, 강-약, 장-단)의 조합을 통해 실현된 언어현상이라고 재해석할 수 있다. 따라서 '강한 음절 앞 음절은 짧다', 또는 '강한 음절 뒤 음절은 낮게 발음한다', '강한 음절 뒤 음절의 [e]는 약화 또는 생략될 수 있다'와 같은 음운규칙은 음절과 낱말(들의)범주 안에서의 억양에 관한 문법적인 기술이다. 이는 앞에서 논의한 낱말억양규칙의 범주에 머무르는 경향을 보인다.

낱말범주를 벗어나는 또는 낱말을 포함하는 확대범주를 문장이라 할 수 있다. 독일어 문장은 말하는 사람의 의도를 실어내는 의사소통 도구로서 비교적 완벽한 형태를 지닌다. 이를 문자화하는 경우에는 시작과 끝을 알리는 형식화된 틀과 특정한 구성요소가 요구된다.[32] 하지

32 문장은 형식상 첫 문자는 대문자로 시작하고 끝을 알리는 마침표와 주어와 술어 그리고 술어에 따른 보충어(목적어, 보어 등)와 같은 문장성분을 갖는다. 여기에서 제시된 문장예들은 Rausch/Rausch(1995)에서 발췌 인용했음.

만, 〈Gehe!, Hilfe!, Ja?, Oder?〉와 같이 한 개의 낱말이라 할지라도 형식화된 문장 틀 안에 실현되면 문장과 같은 의사소통수단으로 이해될 수 있다. 소리를 문자화할 때 일상적으로 우리는 문장부호를 사용한다. 이를 다시 소리화해야 할 경우에는 사용된 문장부호와 문장의 발화상황과 전체적 맥락을 해석하여 이에 해당하는 억양을 재현한다. 즉, 우리가 문자화된 독일어 문장을 소리로 재생하고 또 우리가 재생한 소리뭉치가 독일어 의미전달도구로 원만히 기능하기 위해서는 소리뭉치의 어느 구성단위에 어떤 억양이 적용되어야 하는지, 또는 어떤 억양이 낱말의 어느 음절 또는 어느 낱말부분과 관련되어야 하는지에 대한 이해가 필요하다.[33]

우리의 발화는 개인에 따라 편차는 있지만 일반적으로 일정한 소리높이와 성량 그리고 속도를 유지한다. 일정한 높이를 중간으로 정하고 이의 높낮이를 위-아래로 동일한 폭으로 확대하면 우리의 억양분포의 고-저의 범위(Rausch/Rausch, 1995:139ff.)를 다음과 같이 표시할 수 있다.

중간범위

33 하지만 이에 대한 대답을 찾기란 쉽지가 않다. 이런 이유가 우리가 억양을 의사전달과 소통을 위한 보조수단 경우에 따라서는 중심도구로 활용하면서도 우리의 논리개념적인 판단에 따르기 보다는, 발화상황 또는 그때그때 의사소통환경을 바탕으로 우리의 언어습관과 감성에 의존하기 때문일까? 아니면 우리말의 언어습관이나 이미 습득한 외국어 사용을 통해 어느 부분에서는 높고 강하게 그리고 어떤 길이로 발음해야 하는지를, 또 어느 부분에서는 낮고 부드럽게 그리고 길게 발음해야 하는지를 너무 잘 알고 있기 때문일까? 혹은 우리가 '설명'과 '의문제기' 및 '요구사항피력' 등과 같은 의사소통상황에서 어떤 억양을 사용하는지를 보고 또 우리의 언어경험을 생물-사회학적인 관점에서 고려하여 - 예를 들어 비록 독일어소리를 이용한 의사소통 경험이 적다고는 해도 - 독일어에서 억양을 사용하는 방법도 우리말의 억양사용과 그렇게 많은 차이를 보이지는 않을 것으로 응용-추정할 수 있기 때문일까? 라는 담론의 여지를 남긴다.

중간범위에서는 언어의 상대적인 고-저 억양분할이 나타나고, 중간에서 위쪽으로의 범위는 일반적으로 직접'질문' 또는 '요구사항에 대한 기다림', 그리고 '주문장과 부문장사이의 휴지' 및 '콤마(,)로 이어지는 문장의 휴지'를 표시하는 소리자리로 이해된다.

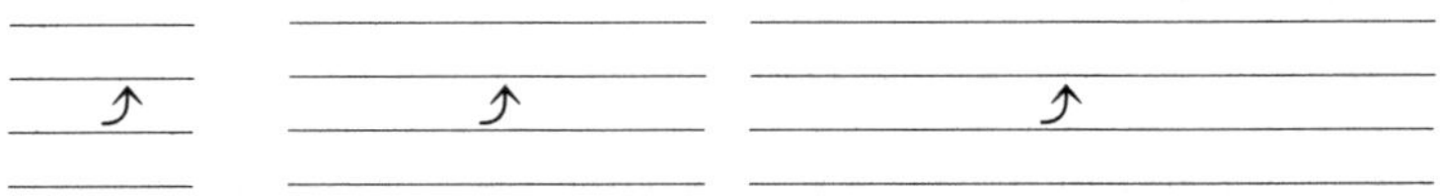

Ja? Er sagt, daß er... Ich habe vergessen, es mitzunehmen

중간범위에서 아래쪽으로의 범위는 일반적으로 문장의미를 가진 소리뭉치 '설명'의 마무리를 표시할 때의 소리자리이다. 하지만, 아래의 예 〈Wer ruft mich?〉에서와 같이 '질문'을 표시하는 문장에 삽입되는 문장부호의 통상적 의미와는 다르게 나타나는 경우도 있다. 이런 경우에는 화자의 특별한 감정이입을 읽어내게 하는 예를 들어 '자신감을 넘어선 차가움/거만함' 혹은 '질책에 가까운 요구에 대한 시비조의 대응/질문'을 표시하기 위한 소리높이로 이해될 수 있다.

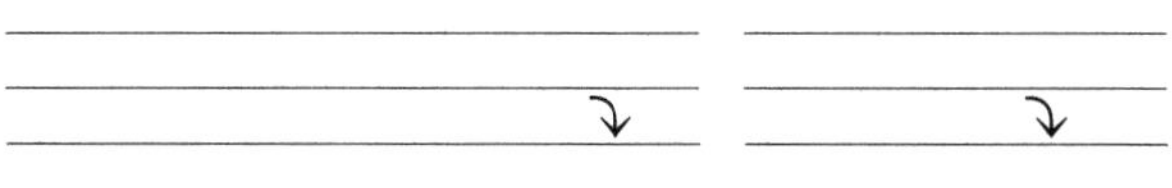

Ich habe mir ein Auto gekauft. Wer ruft mich?

4.3.1 문장억양과 정보구조, 발화상황

문장 억양을 논의하면서 우리가 조심스럽게 다가가야 하는 사항은 강한 억양이 있는 낱말과 없는 낱말에 대한 논의와 발화상황 및 발화환경이다. 예를 들어, 독일어낱말 〈nach〉가 합성어낱말인 〈'nachbestellen〉의 구성요소일 때와 〈Ich fahre nach Ber'lin.〉이라는 문장에서 전치사로 사용될 때의 ⟨nach⟩의 악센트 유지여부에 대한 논의와 ⟨es schmeckt!⟩ [ɛsˈʃmːɛːt]와 ⟨es schmeckt nicht!⟩ [ɛsˌʃmːɛːtnːɪˈçːt]에서의 발화상황과 환경에 따른 언어실현에 관한 논의를 통해서도 이미 확인할 수 있었듯, 낱말은 사용환경 그리고 화자의 발화의도가 반영될 수 있는 음운조건을 갖추고 있는 발화상황에서는 악센트가 변화 또는 조정될 수 있다. 이는 낱말악센트의 전환 및 변화는 화자의 발화의도에 따라 조정될 수 있고, 더 나아가 문장악센트가 고정된 규칙에 의해서만 나타나는 것이 아님을 함의한다고 하겠다.

또한 독일어 소리뭉치의 억양분할은 문장 안에 나타나는 정보구조, 즉 문장의 테마-레마-구성Thema-Rhema-Gliederung과 밀접한 관계를 갖는다. 따라서 문장을 구성하는 낱말들의 음절억양과 발화환경 그리고 화자의 의도는 물론 문장에 내재된 정보들의 구성은 언어실현을 위한 별개 영역이 아니라, 항상 관련되어 있는 것으로 이해하고, 연관의미로 해석해야 한다.

따라서 독일어에서 '강한 억양이 없는 낱말'이란 표현은 미리 정해진 특정한 낱말이 아니라, 언어화용의 관점에서 낱말이 사용될 때 발화의도가 첨가되지 않은 중립 또는 중간구도에 가까울 수 있는 낱말이라고 이해할 수 있다.[34] 이런 이유에서 어떤 낱말은 의미구조상 강한 억양 없이 문장에 실현될 수 있는 반면에, 어떤 낱말은 어느 경우에는 억양이 있고, 또 어느 경우에는 억양이 전혀 없는 낱말로 기능을 할 수도 있다.

발화 또는 소리로 실현되는 낱말의 강세형태는 그 낱말이 문장 안

---

34 음절이 낱말이 되는 과정에 대해서는 별 다른 담론 없이 위 3장의 3.1과 3.2에서 유추-설명이 되었다. 한 음절이상의 언어소리가 특정한 사회-문화적인 조건하에서 특정한 의미와 예를 들어 1:1 또는 다:1 등의 대응의미관계를 통해 일반화되면, 이 음절은 문화-사회에서 낱말로 받아들어질 가능성이 높다. 낱말에 대해 더 상세한 내용은 「독일어 화용 개요 II - 독일어 낱말」을 참고하자.

에서 더 나아가 텍스트 전체맥락에서 어떤 용도로 사용되는지, 또는 어떤 기능을 위해 사용되었는지에 의해 좌우된다고 할 수 있다. 달리 말하면, 강한 억양 없이 발화되는 낱말은 음성구조(음성)학적인 특성에 의해 그리고 문장의 정보구조에 의해 정의될 수도 있지만, 낱말이 사용되는 언어(화용)환경과 화자가 부여하는 고유의 기능에 의해 크게 좌우된다고 할 수 있음을 함의한다. 즉, 모든 낱말들은 말하는 사람의 특정한 의도에 따라서 강한 억양이 주어질 수도 있다. 이런 조건에도 불구하고, 일반적으로 문장 안에서 억양 없이 발화되는 낱말로 인정되는 낱말종류는 다음과 같이 분류할 수 있다.

억양 없이 발화되는 낱말	예
관사	der, die, das
전치사	mit, für, vor, über, neben
접속사	während, als, sowohl
조동사	sein, haben, werden
화법조동사	können, wollen, dürfen
관계대명사	der, die, das, welcher, welche, welches
인칭대명사	ich, du, er, sie, es
의문대명/부사	wer, weshalb, wann, wie, wo
재귀대명사	mich, dich, sich, uns, euch

강한 억양 없이 발화되는 낱말이 강한 억양을 가진 낱말의 앞 또는 뒤 어디에 나오든, 이들은 강한 억양으로 발음되는 낱말보다는 약간 짧고 빠르게 그리고 상대적으로 적은 소리로 발음되는 특성을 지닌다

(Maas, 1999:297).

이 내용을 우리의 언어화용관점에서 재해석하면, 위에 제시된 종류와 같은 독일어 낱말, 즉 화자의도가 반영되지 않은 낱말을 언어소리화할 때는 강한 억양이 분할된 음절 보다는 짧고, 빠르게 그리고 약하게 발음해야 한다고 이해하면 무리가 없다. 강한 억양이 분할된 음절 앞에 여러 개의 약한 억양을 갖는 음절/낱말이 나타나는 경우도 있는데, 이 경우에도 역시 강한 억양분할된 음절보다는 짧고 약하게 발음하면 문제가 없다고 본다. 단지, 발음이 '짧고 약하다' 해서 입가에 우물우물 흘러내리는 불분명한 발음이 아니라, 말하는 사람의 발음은 언제나 확실하고, 분명한 그리고 (의미로 인지된) 명확한 발음이 '짧고 약한 발음'의 근간을 이루어야 한다. 이런 내용과 독일어 낱말억양원칙을 염두에 두고 다음의 발화억양을 표시해보자.

um die Ecke – um die 'Ecke – – – ˈ_ _
über die Straße – über die Straße –
vor dem Kino – vor dem Kino –
neben der Brücke – neben der Brücke –

이런 '장-단'과 '강-약' 그리고 '고-저'에 따른 억양조절 및 이들의 성공적인 조합은 언어경험과 관련된 언어습관 그리고 발화환경에서의 말하는 사람의 화용의도와 직결된다. 무책임한 표현으로는, 어느 음절/낱말을 어느 순서에 따라서 또 어느 정도로 강하게 또는 길게, 어느 정도로 높게 또는 낮게 발음해야 하는지는 독일어 화행경험과 그 과정에서 나타나는 시행착오를 통해 스스로 완성해나가는 방법이 최선이라 할 것이다. 그럼에도 불구하고, 위에서 논의한 억양분할원칙을 바탕으로 위의 예 <um die 'Ecke>와 <neben der 'Brücke>를 상대적인 억양분할을 하면 다음과 같이 표시할 수 있다.

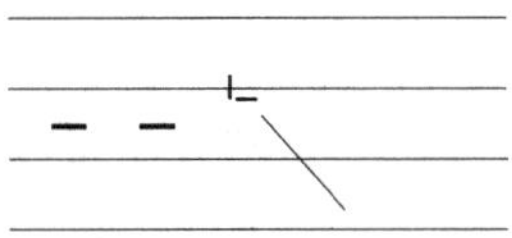

um die 'Ecke

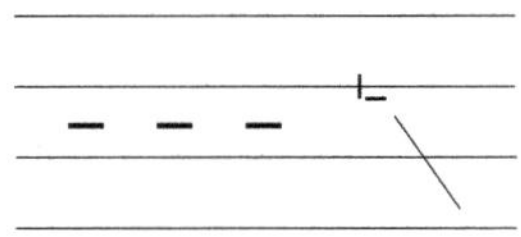

neben der 'Brücke

위에서 강한 억양이 분할된 낱말이 강한억양을 갖는 음절을 중심으로 도약단계와 마무리단계가 형성되는 것을 관찰할 수 있다. 위의 예 <um die Ecke>와 <neben der Brücke>를 우리가 설정한 '중간범위', 즉 억양분포의 고-저의 범위를 표시하기 위한 발음계보에 다음과 같이 표시할 수 있다.

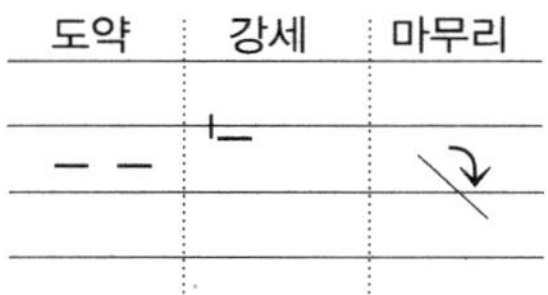

um die 'Ek ke

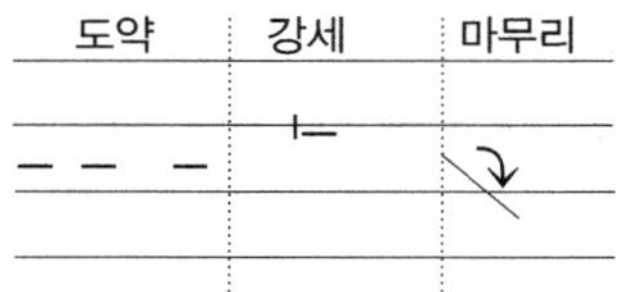

neben der 'Brü cke

억양분할의 도약-강세-마무리단계 구분은 테마-레마로 구분되는 문장정보구조와 특별한 관계를 갖는다. 문장에서 테마는 사전정보에 의해 이미 알려져 있는 정보단위를 의미하고 대부분 주어로 나타난다. 이에 반해 레마는 문장에 새롭게 나타나는 정보단위로 술어를 포함하는 언어화용과 커뮤니케이션 그리고 정보전달을 위해 중요한 정보부분이다. 이에는 문장술어[Prädikat]와 술어보충어[Prädikat-Ergänzung] 및 술어수식어[Prädikat-Attribut] 등이 속한다. 일반적으로 화자의 언어화용이 객관적이거나 중립적이고 설명적인 입장을 취하는 경우, 즉 말하는 사람의 화용의도와 직접적인 연련성이 나타나지 않는 경우에는 레마부분에 강세가 오는 억양분할이 형성된다. 이때 명사, 형용사 및 부사 그리고 동사가 레마부분을 형성하는 경우에는 이들이 강한 억양을 동반할 수 있는 낱말로 이해될 수 있다. 이들의 상대적인 고-저 억양분할은 아래에서와 같이 '중간범위위쪽' 또는 '중간범위의 위쪽'에 나타나는 분포를 보인다.

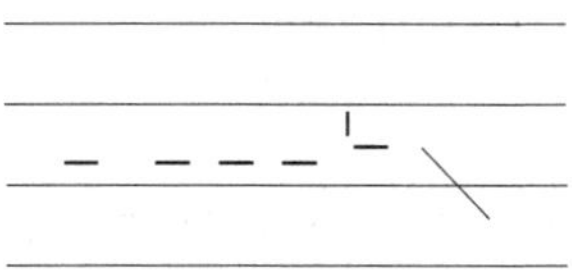

Ich arbeite 'fleißig.

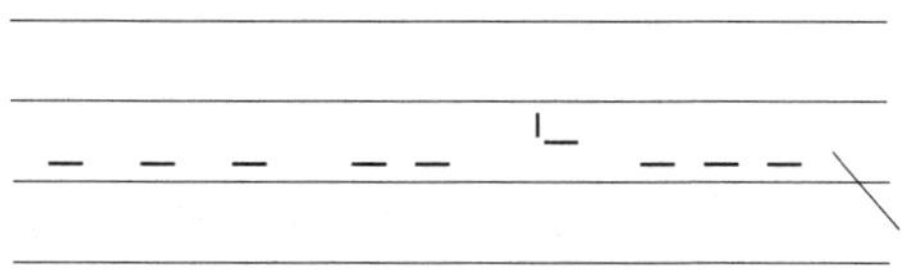

Er hat den ganzen 'Tag gearbeitet.

레마구조에 나타나는 명사, 형용사, 부사, 동사 등이 강한 억양을 동반하는 낱말로 이해될 수 있음에도 불구하고, 이들이 언제나 강한 억양으로 발화하고 이 낱말을 제외한 낱말들은 항상 약하게 발화된다는 이분법적인 생각은 피해야 하는 습관들 중 하나다. 이는 레마에 나타나는 문장구성요소로서 어떤 기능을 하는가에 따라, 그리고 화자의 언어화용에 따라 낱말의 중요강세가 변화될 수 있기 때문이다. 레마영역에 나타나는 정보단위는 술어를 포함하고 이를 보충하는 술어보충어와 이를 꾸미는 수식어[Attribut]로 나누어 질 수 있다.

4.3.2 술어보충어[35]

레마에 나타나는 술어보충어는 크게 목적어[Objekt]와 부사규정어[Adverbialbestimmung]로 구분되고, 수식어를 통해 복합실현형태를 띤다.[36]

35 술어보충어는 동사의 특징에 따라 필수적인 문장구성요소를 의미한다. 이는 동사에 따라 결합되는 따라서 문장에서 꼭 필요한 문장요소(Duden, 2009:775-779)로 대략 10가지 종류로 구분된다(Götze, 2002:80).

36 레마에 나타나는 명사를 규정하거나 보충하는 수식어는 한 개의 낱말이나 여러 개의 낱말, 즉 관사와 형용사 그리고 (원형)동사 및 형용사역할을 하는 문장(형용사절)으로 구성될 수 있다. 화자의 언어화용이 객관적이고 중립적인 경우, 수식어의 구성

정보영역: 레마		
술어보충어	목적어	목적격, 여격, 소유격, 전치사구
	부사규정어	순수부사규정어
		부사적 명사규정어

목적어는 주격이외의 격과 전치사구의 언어형태로 나타나고, 부사규정어는 순수한 부사규정어 및 부사기능을 가진 명사/대명사를 포함하는 언어형태를 갖는다. 술어보충어의 중요억양은 보충어 중에서 강세를 취할 수 있는 마지막 단어에 분할된다. 한 낱말 술어보충어의 경우

요소가 '관사, 전치사, 형용사(분사), 명사'일 경우에는 언어화용을 위한 중요억양이 수식어의 마지막에 위치하는 명사에 분할된다. '관사+명사+원형동사'의 순서에 의한 수식어를 구성하는 경우에는 (원형)동사에, 그리고 '관사+형용사절'의 구성형태일 때는 수식하는 형용사절의 형용사에 중요억양이 분할되는 현상을 보인다. 다음은 수식어의 언어형태와 중요억양의 분할관계를 표시한다.

	언어형태	중요억양
수식어	관사+형용사+명사	die schöne 'Frau, das neue 'Auto, das dritte 'Kind, die zweite 'Hälfte
	관사+분사+명사	das lesende 'Mädchen, der eingefahrene "Zug, das gewaschene 'Kleid, ein beliebter 'Sänger
	관사+명사+소유격명사	das Auto des 'Onkels, das Rechte der 'Arbeit, die Hälfte des 'Jahres, das Geschäft meines 'Mannes
	관사+명사+전치사구	die Wolken am 'Himmel, der Mann auf der 'Straße, das Haar in der 'Suppe, der Einfluß von 'Wetter
	관사+(단위+설명)명사	ein Kilo To'maten, ein Krug 'Bier, eine Packung 'Tee, eine Anzahl 'Münzen,
	관사+명사+명칭	Karl der 'Große, Alexander der 'Erste
	관사+명사+zu 원형동사	eine Hoffnung zu ge'winnen, die Absicht zu 'siegen, die Notwendigkeit zu 'schlafen
	명사+형용사절	ein Mädchen, ↗das 'häbsch ist, ein Schüler, der 'klug ist, ein Mann, der 'fleißig ist, eine Frau, die 'schön ist, ein Auto, das 'schnell ist, Maschinen, die kompli'ziert sind

에는 이 낱말에 강세가 온다.

4.3.2.1 목적어

의사소통과 정보전달을 위해 중요한 목적어에는 일반적으로 강한 억양이 분할된다. 하지만, 레마의 기능, 즉 새로운 정보제공에 대한 기여도가 감소되는 경우에는 악센트가 분할되지 않는다. 일반적으로 레마의 새로운 정보제공기능은 관사선택을 통해 규정되는데, 레마영역에서 새로운 정보는 부정관사(ein, eine)와 이에 준하는 부정관사류(예: 소유대명사)를 통해 명시된다. 따라서 '이미 알려진' 의미를 내포하는 정관사(der, die, das)와 이에 준하는 정관사류(예: 지시대명사) 사용에 의해 레마기능이 약화된 정관사동반목적어에는 강세분할이 되지 않고, 오히려 그 목적어와 관련된 행위 또는 현상이 새로운 정보로서의 초점을 가지게 된다. 이 때문에 관련행위/현상을 설명하는 술어의 (행위/상태/과정)동사에 강세가 분할되는 경향을 보인다. 예를 들어, <Er hat ein Fahrrad gekauft.>와 <Er hat das Fahrrad gekauft.>에서의 부정관사와 정관사 사용에 따라 강세분할은 다음과 같이 나타난다.

Er hat ein 'Fahrrad gekauft.
Er hat das Fahrrad ge'kauft.

이처럼 모든 목적어와 함께 사용되는 부정관사와 정관사에 따른 문장의 구조적인 정보초점이동과, 또 부정관사와 정관사사용을 통해 드러나는 화자의 언어화용에 따른 소리뭉치의 억양분할은 음성학/음운론의 한 영역에만 한정지어 기술하기는 어렵다. 특히, 동사의 의미-구조인 특성에 따라 나타나는 목적어의 변화, 즉 2격 또는 3격을 목적어로 취하는 동사와 특히 술어를 구성하는 동사의미구조상 전치사를 동반하는 동사의 경우,[37] 강세를 취할 수 있는 마지막 낱말에 억양이 분할되지만, 부정관사와 정관사에 따라 문장정보의 초점이 이동되거나 화자의 언어화용이 변화하는 경우에는 술어에 강세가 분할되는 현상을 보인다. 따라서 인접해서 나타나는 낱말형태 그리고 이로 인한 문장정보구조변화는 물론 화자의 언어화용관점에 따라 문장의 억양분할변화가 가능하다. 이런 현상을 다음의 예를 통해 명시하면 다음과 같다.

- 목적격 사용목적어

  Er kaufte einen 'Hut. → Er 'kaufte den Hut.

  Er hat einen 'Hut gekaft. → Er hat den Hut ge'kaft.

  Er will sich einen 'Hut kaufen. → Er will sich den Hut 'kaufen.

  Er hat sich einen 'Hut kaufen wollen. → Er hat sich den Hut 'kaufen wollen.

- 여격 사용목적어

  Sie hilft einem 'Freund. → Sie 'hilft dem Freund.

  Sie hat einem 'Freund geholfen. → Sie hat dem Freund ge'holfen.

  Sie wollen einem 'Freund helfen. → Sie wollen dem Freund 'helfen.

하지만, 예를 들어 <Er hat seiner 'Mutter geholfen.>에서와 같이 부정관사와 같은 기능을 가진 소유대명사가 나타나는 경우, 화자의 언어화용에 따라 정보의 초점이 이동될 수 있고, 이에 따라 <Er hat seiner 'Mutter geholfen.>이 <Er hat seiner Mutter ge'holfen.>으로 억양분할이 변화될 수도 있다. 소유격 목적어를 필요로 하는 동사가 정관사를 동반하는 경우에도 억양분할이 변화될 수 있다.

37 이 동반전치사들이 목적격 또는 여격을 유도하고 이들이 목적어기능을 하는 경우를 전치사목적어라고 한다.

● 소유격 사용목적어

Wir gedenken eines 'Toten. → Wir ge'denken des Toten.

Wir erinnern uns eines Vorfalles. → Wir er'innern uns des Vorfalles.

Der Anwalt nimmt sich eines 'Falles an.

→ Der Anwalt nimmt sich des Falles 'an.

→ Der Anwalt will sich des Falles 'annehmen.

● 전치사구 사용목적어

동사(의미)구조 (**warten auf** etw./jedn.)에 의해 정보단위, 예를 들어 〈Er **wartet auf** sein*en* 'Freund.〉에서와 같이 동사가 항상 전치사를 동반하고, 이 전치사가 목적격을 유도하여 목적어 기능을 하는 경우를 전치사목적어라 한다. 반면에 동사 〈warten auf〉가 〈warten auf **wo**〉의 형태를 취하면서 〈Er **wartet auf** dem 'Spielplatz.〉와 같은 의미단위를 형성하게 되면, 이 전치사구는 장소를 표시하는 '부사적 기능을 하는 명사규정어'로 전환될 수 있다. 아무튼 이들이 전치사 목적어든 부사기능을 하는 규정어든, 전치사구로 표현되는 언어단위는 '부사적 명사규정어'(아래 4.3.2.2.2) 중에서 전치사구로 표현되는 술어보충어와 같은 강세분할을 보인다. 따라서

Wir diskutieren über den Ent'wurf.

Wir haben über den Ent'wurf diskutiert.

Wir wollen noch über den Ent'wurf diskutiert.

Wir haben eigentlich über den Ent'wurf diskutieren.

와 같은 강세분할이 가능하다. 이를 바탕으로 다음 문장들의 중심억양을 표시하고, 정관사를 통해 정보초점을 이동시킨 후, 문장의 강세를 새롭게 분할하고 그 근거를 제시해보자.

Ich habe ein 'Buch gelesen. → Ich habe das Buch ge'lesen.
Er will ein Buch lesen. →
Er hat ein Buch lesen wollen. →
Sie hat ein Halstuch gekauft. →
Sie will sich ein Halstuch kaufen. →
Sie hat sich ein Halstuch kaufen wollen. →
Sie hat einem 'Freund geholfen. →
Der Anwalt nimmt sich eines 'Falles an. →

4.3.2.2 부사규정어

주어의 행위와 과정 및 상태를 '언제, 어디서, 어떻게, 왜'에 근거하여 기술하는(Duden 4, 2009:783-785) 부사규정어는 한 개 또는 다수의 낱말 및 낱말그룹으로 구성되는 술어보충어이다. 이들의 강세분할은 <Er arbeitet 'hier.>와 같이 한 개의 낱말로 구성된 부사규정어의 경우에는 강한 억양이 오는 경향을 보인다. 하지만, <Er arbeitet hier 'oben.> 에서처럼 다른 부사나 부사규정어가 중복되어 나타나면, 중요억양을 소실하고 마지막에 나타나는 부사규정어 중에서 강세를 취할 수 있는 마지막 낱말에 중요강세가 나타난다. 여기에서는 이들이 명사를 포함하는지의 여부에 따라 '순수부사규정어'와 '부사적 명사규정어'로 규정하기로 하고 다음과 같이 구분한다.

부사규정어	언어형태	예
순수 부사규정어	시간표시부사(언제)	<jetzt, damals, stets, oft>
	장소표시부사(어디서)	<hier, da, dort>
	종류/방법표시부사(어떻게)	<wie, gern, anders>
	원인/양보표시부사(왜)	<deshalb, daher, trotzdem>
부사적 명사규정어	목적격명사	<Er arbeitet hier *die ganze 'Woche.*>
	소유격명사	<Er kommt *des 'Abends.*>
	전치사구	<Er arbeitet hier *auf dem 'Bahnhof.*>
	대명사적 부사	<Er arbeitet *damit.*>

4.3.2.2.1 순수부사규정어

시간 및 빈도표시 부사어인 <jetzt, bald, dann, niemals; damals, neulich, eben, seinerzeit, vorhin zugleich; stets, immer, nie, lange, allezeit, bisher; oft, zeitweise, manchmal, bisweilen, selten, häufig, nochmals, niemals, vielmals, täglich, wöchentlich, monatlich, jährlich; vorher, nachher, seitdem, seither, unterdessen, inzwischen> 등은 동사 바로 뒤에 단독으로 직접적인 술어보충어 연계관계가 형성될 때만 강세를 갖는다. 만약 다른 부사규정어 또는 복합술어에 의해 단독 술어보충어관계가 파괴되면 강세를 갖지 못하고 술어가 강조된다. 이때 '부사적 기능을 하는 명사규정어'가 나오면 여기에 강세가 주어진다.

Er grüßt 'stets.
Er grüßt 'nie.
Er hat stets ge'grüßt.
Ich werde ihn jetzt 'anrufen.
Er hat oft 'angerufen.
Er hat vorher 'angerufen.
Wirst du mich täglich 'anrufen?
Sie haben vorher oft 'angerufen.

Ich werde jetzt ins 'Kino gehen.
Ich bin damals nicht zu 'Hause gewesen.

장소 및 방향표시 부사어인 <hier, da, dort, draußen, drinnen, drüben, innen, außen, rechts, links, oben, unten; irgendwo, anderswo, niergenswo, nirgens; hierher, daher, dorther, überallher, irgendwoher, anderswoher, nirgendwoher; hierhin, dahin, dorthin; aufwärts, abwärts, seitwärts, vorwärts, rückwärts, heimwärts; fort, weg, heim, bergauf, bergab, querfeldein; überallhin, irgendwohin, anderswohin, niergendwohin> 등은 단독 술어보충어인

경우에는 강세가 오지만, 다른 장소표시보충어 또는 다른 술어보충어가 나오면 강세를 취할 수 있는 마지막 낱말에 강세가 온다.

Er stand 'hier.
Er kamm von 'rechts.
Sie haben sich 'drinnen unterhalten.
Er war 'nirgends.
Komm doch 'hierher!
Der Weg fährt zuerst berg'auf.
Er ging 'weg.

Er arbeitet hier 'draußen.
Er wohnt dort 'oben.
Der Fehler ist hier rechts 'oben.
Er wohnt hier auf dem 'Lande.
Er hat unten seine 'Werkstatt.
Er steht dort drüben mit seiner 'Freundin.

종류 및 방법을 표시하는 부사어인 <gern, so, anders, vergebens, umsonst, derart, ebenfalls, wie> 등과 부사적 용법으로 사용되는 형용사, 예를 들어 <gut, schlecht, fleißig, tüchtig, schnell langsan> 등과 같은 방법 표시 낱말들은 단독술어보충어일 때 강세가 주어지고 다른 보충어가 나오면 억양이 약화된다. 특히, 방법을 표시하는 부사어미 <-weise>는 강세를 갖지 않는다.

Ich komme 'gern.
Wir machen das 'anders.
Sie warten um'sonst.
Sie werden ver'gebens warten.
Sie arbeiten 'fleißig.
Er rechnet 'schnell.
Er geht 'langsam.

Er kommt glücklicherweise vor'bei.
Wir 'trafen uns zufälligerweise.

원인 및 양보표시 부사어인 <deshalb, daher, seinetwegen, folglich, demnach, mithin, infolgedessen, andernfalls, sonst, trotzdem, jedenfalls, gleichwohl> 등은 일반적으로 강세분할이 나타나지 않지만, 화자의 언어화용에 따라 중요강세가 주어지기도 한다.

Es wird sich folglich 'anders darstellen.
Er muß jedenfalls 'neu anfangen.

Sie ruft 'seinetwegen an.
Sie hat es 'trotzden nicht verstanden.

4.3.2.2.2 부사적 명사규정어

동사와 함께 '언제, 어디서, 어떻게, 왜'에 해당하는 주어의 행위와 과정 및 상태를 기술하고 이를 통해 술어보충어 기능을 갖는 '부사적 명사규정어'의 강세분할은 마지막 구성단위에 나타난다.[38] 하지만, <Er hat den ganzen Tag ge'lesen.>과 <Er wird den ganzen Tag 'lesen.>같이 술어의 완료시제나 미래시제와 같은 복합술어형태에 의해 과거분사나 동사원형이 문장의 끝에 나오면 여기에 중요강세가 분할된다.[39]

- 목적격명사의 부사규정어

Er arbeitet die ganze 'Woche. → Er hat die ganze Woche ge'arbeitet.
Er schreibt den ganzen 'Tag. → Er hat den ganzen Tag ge'schrieben.

---

38 이는 중립적인 언어화용을 보이는 정보단위에서는 마지막 부분에 가장 중요한 정보가 포함된다는 일반적인 정보구성에 의해서도 이해될 수 있다.

39 레마기능이 축소된 정관사동반목적어에는 강세분할이 되지 않고, 목적어와 관련된 행위와 현상이 새로운 정보로서의 새 초점을 갖기 때문에 이를 설명하는 술어에 강세가 분할되는 현상으로도 이해될 수 있다.

Er liest schon ganze 'Woche. → Er hat schon ganze Woche ge'lesen.
Er verreist drei 'Tage. → Er ist drei Tage ver'reist .
Er arbeitet die 'Feiertage. → Er hat die Feiertage ge'arbeitet.

● 소유격명사의 부사규정어

소유격명사를 포함하는 소유명사구로만 실현되는 언어형태로 고정된 언어구성을 보인다. 예를 들어, <des Nachts>가 전치사구인 <in der Nacht>로 대치될 수 있는 것처럼, 소유격명사를 포함하는 부사기능 명사규정어는 전치사구로 대치될 수 있다.

Ich war seiner 'Meinung/guter 'Laune.
Es muss unseres Erachtens ein neuer 'Plan angefertigt werden.
Er kommt des 'Morgens/'Abends/'Nachts.

● 전치사구의 부사규정어

'전치사+명사'의 형태로 나타나는 전치사구는 주어의 행위와 과정 및 상태를 표시하는 술어동사의 결합가를 기반으로 시간/장소/종류/방법/원인/양보관계를 표시하는 부사기능을 수행한다. 이는 '전치사 목적어'와 같이 강세를 취할 수 있는 마지막 낱말에 주요억양이 오는 강세분할을 보인다.

Sie kommen für drei 'Wochen.
Sie kommt erst nach drei 'Tagen.
Er arbeitet auf dem 'Bahnhof/ auf der 'Sparkasse/ bei der Poli'zei.
Wir gehen dann auf die 'Baustelle/ auf die 'Bank/ in die 'Kirche.
Wir gehen dann ins 'Kino/ ins The'ater/ in eine 'Gaststätte.
Wir gehen dann zur 'Sparkasse/ zum 'Markt/ zur 'Schule/ zur 'Kirche.
Wir gehen dann zur Er'holung/ zur 'Arbeit/ zum 'Essen/ zu Be'such.
Wir lesen/ hören/ vernehmen/ erklären es mit Be'geisterung/ mit 'Freude.
Er verspätet sich wegen des schlechten 'Wetters/ wegen der 'Umleitung.
Sie kamm trotz des schlechten 'Wetters/ trotz des Ver'botes.
Sie kamm trotz 'Zeitmangels.

● 대명사의 부사규정어

전치사구를 대신하는 대명사적 부사규정어는 강세가 오지 않는다.

Er arbeitet mit dem 'Hammer.
Er arbeitet damit.

레마영역에 나타나는 술어보충어의 언어형태와 예를 위에서 논의한 내용을 중심으로 규정하고 이를 바탕으로 아래 도표를 완성해보자.

<table>
<tr><th colspan="5">정보영역 : 레마</th></tr>
<tr><td rowspan="4">술어보충어</td><td rowspan="2">목적어</td><td>구성요소</td><td>언어형태</td><td>예</td></tr>
<tr><td>목적어</td><td></td><td></td></tr>
<tr><td rowspan="2">부사규정어</td><td>순수한 부사 규정어</td><td></td><td></td></tr>
<tr><td>부사적 명사 규정어</td><td></td><td></td></tr>
</table>

문장의 억양분할은 낱말정보구조는 물론 이들이 구성하는 문장정보구조와도 밀접한 관계를 갖는다. 특히, 중립발화상황에서 문장의 테마-레마구조는 문장의 억양분할을 구조적으로 가능하게 한다. 이때 낱말정보구조보다는 문장정보구조에 의해 중요억양이 분할되면서도, 발화의도에 따른 중요정보이동을 통해 의미단위로 구성된 소리뭉치의 중요억양이 옮겨진다. 이는 정보구조에 따른 억양분할도 화자의 발화의도에 의해 조정될 수 있음을 의미한다.

따라서 강한 억양이 없이 발화되는 낱말과 강한 억양이 올 수 있는 낱말로 구성된 (문장)소리뭉치의 중요억양은, 우선 이를 구성하는 테마부분과 레마부분으로 구분하고, 레마영역의 술어보충어인 목적어와 부사규정어의 억양분할과 이들을 수식하는 수식어의 억양분할규정에 따라 분할이 가능하다. 중요억양을 분할하는 과정에서는 부정관사와 정관사사용을 통해 드러나는 화자언어화용 및 발화상황에 따른 정보 구조 등에 유의해야 한다. 이제 다음 문장들의 중요억양분할을 관찰하고 그 근거를 제시해보자.

Er will sich einen 'Hut kaufen.
Er will sich den Hut 'kaufen.
Sie hat einem 'Freund geholfen.
Sie hat dem Freund ge'holfen.
Wir erinnern uns eines Vorfalles.
Wir er'innern uns des Vorfalles.
Wir diskutieren über den Ent'wurf.
Er grüßt 'stets.
Ich werde jetzt ins 'Kino gehen.
Ich werde ihn jetzt 'anrufen.
Komm doch 'hierher!
Er arbeitet hier 'draußen.
Der Fehler ist hier rechts 'oben.
Er hat unten seine 'Werkstatt.
Er kommt glücklicherweise vor'bei.
Er arbeitet die ganze 'Woche.
Er hat die ganze Woche ge'arbeitet.
Ich war seiner 'Meinung/ guter 'Laune.
Sie kommt erst nach drei 'Tagen.

맺는말

우리 언어를 사용할 때도 그렇듯이, 독일어 말하기도 정보를 담고 있는 소리를 이해하고, 이 소리를 사용하는 능력과 밀접한 관계를 갖는다. 독일어말하기의 일차단계는 독일어소리표현단위를 이해하고 이 소리가 내포하는 정보와 이들이 사용될 수 있는 상황을 이해한 후 이들을 자연적으로 발음할 수 있을 때까지 연습하는 것이다. 이차단계는 새로 배운 소리단위를 이미 배운 소리표현단위에 적용하고 이를 응용해서 확대해나가는 것이다. 삼차단계는 익힌 내용을 자기가 의도하는 의미단위로 확대 또는 변형 시켜 가는 것이다.

하지만 성인으로 독일어를 접하는 우리들은 독일어경험 특히 독일어 화행경험을 간접적으로 집약할 수밖에 없기에 이에 따른 원칙들을 학습하게 된다. 이런 원칙을 '문법'이라고 표현하는데, 지금까지 우리가 논의한 내용은 소리문법범주에 속한다.

독일어의 조음과 독일어소리분류 그리고 독일어문자표기와 독일어소리와의 관계에 관한 법칙은 우리가 독일어소리화용을 이해하는 초석이다. 또한 독일어소리의 길이 및 낱말을 형성하는 음절에 대한 지식은 문자음절을 소리음절로 전환하는데 필수적인 지식이다. 낱말과 문장에 나타나는 억양에 대한 구분능력은 독일어소리를 사용하는데 필수조건이다. 특히, 문장의 테마와 레마 그리고 그 구조와 관련된 사항은 주로 통사론이나 텍스트언어학 등 다른 언어학 분야에서 다루는 내용이긴 하지만, 독일어소리를 이해하려는 우리관점에서도 중요하다. 특히, 레마의 어느 부분이 어느 소리문법에 의해서 억양분할, 즉 소리의 강약관계를 형성하는가에 대한 지식은 독일어소리를 이용한 의사소통과 의사소통을 위한 기회포착, 듣기능력이 향상되어 있지 않는 우리들의 어려움을 극복하게 할 수 있다.

독일어소리의 연접구조는 의미를 전달하는 문장으로 이해된다. 형태구분 방법에 따라 문장은 서술문, 의문문, 감탄문 등등으로 구분될 수 있다. 형태에 따른 구분은 문장을 진술/서술하는, 질의/의문을 표시하는 또는 요구/지시하는 문장 및 희망/소원을 표시하는 문장과 느낌/상황을 표현하는 문장 등으로 나눈다.

하지만, 문장을 의사전달을 위한 소리뭉치로 보고 어디에 어떻게 억양분할이 되는가에 따라 구분하면, 문장의 용도나 목적은 형태에 따른 구분과는 다를 수 있다. 또한 동일한 소리뭉치 안에서도 발화상황에 따른 화자의도가 어디에 있는지에 따라 억양분할이 달라질 수 있다. 예를 들어, '하루 중에서 언제'와 같이 일한시간을 강조하려는 경우와 '내가 아니고 그가'를 강조하려는 의도가 강조되는 경우에는 아래와 같은 억양분할도 가능하다.

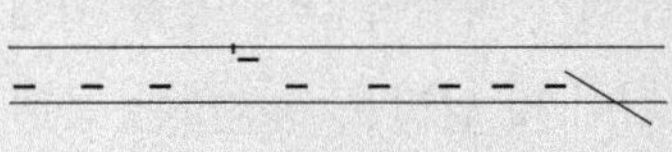

Er hat den 'ganzen Tag gearbeitet.

'Er hat den ganzen Tag gearbeitet.

문법학습이 주로 문자화된 문장 또는 텍스트를 중심으로 이루어지면서 독일어소리를 이용한 의사소통능력, 독일어소리를 이용한 의사소통과 의사소통을 위한 기회포착 능력이 향상되지 않는 어려움이 있다. 여기에 제시된 독일어의 소리문법을 바탕으로 낱말, 문장 그리고 텍스트 문법을 연습해 나가면 이런 어려움을 극복할 수 있고, 독일어소리를 이용한 의사소통을 시작할 수 있으리라 본다. 특히 문자로 표시된 언어표현단위가 갖는 문법과 그 의미를 파악하는 것도 중요하지만, 소리언어로 형성된 문장중심의 억양학습과 이를 통한 순발력 향상이 중요하다. 이를 위해서는 특정 상황을 스스로 설정하고 이에 상응하는 표현단위들을 연습하면서, 이들을 실행하기 위해 준비하는 자세와 습관이 필요하다.

참고문헌

Bußmann, Hadumod, 1990[2]: Lexikon der Sprachwissenschaft. Stuttgart.

Duden 4, 2009[8]: Die Grammatik. Mannheim/Zürich.

Dürscheid, Christa, 2004: Einführung in die Schriftlinguistik. Göttigen.

Ehrhard/Heringer, 2011[3]: Pragmatik. Parderborn.

Fischer, Andreas, 2007: Deutsch lernen mit Rhythmus. Leipzig.

Götze, Lutz, 2002: Deutsche Grammatik. Gütersloh/München.

Häublein/Müller/Rausch/Wertenschlag, 2001[6]: MEMO. Berlin/New York.

Linke/Nussbaumer/Portmann, 1994[2]: Studienbuch Linguistik. Tübingen.

Kessel/Reimann, 2012[4]: Basiswissen-Deutsche Gegenwartssprache. Tübingen.

Kniffka/Siebert-Ott, 2012[3]: Deutsch als Zweitsprache. Parderborn.

Maas, Utz, 1992: Grundzüge der deutschen Orthographie. Tübingen.

Maas, Utz, 1999: Phonologie. Opladen/Wiesbaden.

Malmberg, Bertil, 1963: Phonetics. New York.

Meihold/Stock, 1982[2]: Phonologie der deutschen Gegenwartssprache. Leipzig.

Rausch/Rausch, 1995: Deutsche Phonetik für Ausländer. Leipzig/Berlin.

Schindler, Frank, 1974: Beiträge zur deutschen Hochlautung. Hamburg.

Schlawe, Fritz, 1972: Neudeutsche Metrik. Stuttgart.

Wahrig, 2008: Großwörterbuch Deutsche als Fremdsprache. Gütersloh/München/Berlin.

Werner, Otmar, 1972: Phonemik des Deutschen. Stuttgart.

Yeo, J-M, 2005: Deutsche Phonologie und Morphologie als Problem für Koreaner. Hamburg.

색인

부 록

닫친음절 낱말

독일어음절의 [자음+모음+자음] 형식의 기본형을 띤 음절을 닫친 음절이라 한다. 중복자음 또는 자음조합이 뒤따르는 닫친 음절에 나타나는 모음은 이완되고 짧은 모음특성을 띤다.

ab,	Blut,	Eis,
acht,	Boot,	elf,
alt,	breit,	eng,
Amt,	Brief,	erst,
an,	Brot,	
Angst,	Brust,	Fach,
Arm,	Buch,	Fahrt,
Arzt,	bunt,	Fall,
auch,	Bus,	falsch,
auf,		faul,
aus,	Chef,	fein,
	Club,	Feind,
Bad,		Feld,
Bahn,	Dach,	fern,
bald,	Dank,	fest,
Ball,	dann,	fett,
Bank,	denn,	fit,
Bauch,	dicht,	flach,
Baum,	dick,	Fleck,
Bein,	doch,	Fleisch,
Berg,	Dorf,	Flug,
Bett,	dort,	Flur,
Bild,	dumm,	Fluss,
blass,	dünn,	Form,
Blick,	durch,	fremd,
blind,	Durst,	Freund,
Blitz,		frisch,
blond,	ein,	fünf,
bloß,	eins,	für,

Fuß,	hier,	lieb,
	hoch,	Lied,
ganz,	Hof,	Lift,
Gas,	Holz,	links,
Gast,	Huhn,	Loch,
Geist,	Hund,	Lohn,
gelb,	Hut,	Luft,
Geld,	hübsch,	Lust,
gern,		
Gift,	jetzt,	Macht,
Glas,	Job,	Mann,
glatt,		Markt,
Gleis,	kalt,	März,
Glück,	Kamm,	Mehl,
Gold,	kaum,	mehr,
Gott,	Kind,	Mensch,
Gramm,	klar,	Milch,
Gras,	Kleid,	mild,
groß,	klein,	Mist,
grün,	klug,	Mond,
Grund,	Knopf,	Müll,
Gruß,	Kopf,	Mund,
gut,	Kraft,	Mut,
	krank,	
Hals,	Krieg,	nach,
Hand,	kühl,	Nacht,
hart,	Kunst,	nass,
Hass,	Kurs,	nein,
Haus,	kurz,	nett,
Haut,	Kuss,	neun,
Heft,		nicht,
Heim,	Land,	noch,
heiß,	lang,	Not,
hell,	Lärm,	null,
Hemd,	laut,	nun,
Herbst,	leicht,	nur,
Herz,	Licht,	

Obst,	Sand,	Spiel,
oft,	Satz,	spitz,
Ohr,	Schaf,	Sport,
Öl,	scharf,	Stadt,
Ort,	Scheck,	Stall,
Ost-,	Schein,	stark,
	schief,	Start,
Pass,	Schiff,	statt,
Pferd,	Schild,	steil,
Pflicht,	schlank,	Stein,
Plan,	Schlecht,	Stern,
Platz,	schlimm,	stets,
plus,	Schloss,	still,
Post,	schmal,	Stirn,
Preis,	Schmerz,	Stock,
Prost!,	Schmuck,	Stoff,
Punkt,	schnell,	stolz,
	schon,	Strand,
quer,	schön,	Streik,
	Schrank,	Streit,
Rad,	Schrift,	streng,
Rauch,	Schuld,	Stress,
Raum,	Schutz,	Strom,
Recht,	schwach,	Stück,
rechts,	Schwamm,	Stuhl,
reich,	schwarz,	stumm,
Reis,	Schwein,	Sturm,
Rest,	Schweiz,	Süd-,
Rind,	schwer,	süß,
Ring,	sechs,	
Rock,	Sex,	Tag,
rot,	Sinn,	Tal,
Ruf,	Sitz,	Tanz,
rund,	Sohn,	Tat,
	sonst,	taub,
Saft,	Spaß,	Test,
Salz,	spät,	Text,

tief, Tier, Tisch, Tod, Topf, Tor, tot, Trend, trotz, Tuch, Tür, Turm, Typ, Uhr, um, viel, vier, Volk,	voll, von, vor, Wahl, wahr, Wald, Wand, wann, warm, was, Weg, weich, weil, Wein, weiß, weit, Welt, wenn, Werk,	Wert, West Wind, Wirt, Wort, Wunsch, Wurst, Zahl, Zahn, zehn, Zeit, Zelt, Zeug, Ziel, Zins, Zoll, Zug, zwölf

열린음절 낱말

독일어의 음절 [자음+모음+자음] 형식의 기본형에서 벗어나 [자음+모음]형태로 음절끝부분이 모음으로 마무리된 음절을 열린음절이라 한다. 모음은 긴장된 그리고 장모음 경향을 보인다.

Bau, bei, blau, da, drei, Ei, Frau, frei, froh, früh, grau,	ja, je, Knie, Kuh, Mai, neu, nie, pro, rau, roh, Schuh,	sie, so, Stau, Thai, treu, Vieh, wie?, wo?, zwei, zu

음절경계와 경계변화

'독일어 소리음절은 <열린음절>과 <닫친음절>로 구분되고, [자음+모음]형태의 최소 필수구조를 갖는다'는 기왕의 지식을 기반으로 다음 낱말들의 음절경계를 표시하고 문제점을 제시하라.

Becken,	Sachsen,
drucken,	Schwester,
Ecke,	Sechstel,
Hacken,	Verwandter,
Mücke,	Wanken,
Katze,	witzig,
Köpfe,	Zapfen,
raspeln,	Zucker

음절구분규칙

문자음절을 소리음절로 전환하는 과정에서 필요한 것은 여러 개의 문자음절로 형성된 의미단위/낱말을 단일 <문자>음절로 구분-분리해서 파악하는 능력이고, 이를 독일어소리에 맞게 [소리]화하는 능력이다. 이에 더해 이런 규칙들이 다른 분절규칙들과의 관계 안에서 나타나는 우선규칙들에 관한 지식과도 연계되어 있다. 2-3음절로 형성된 낱말예시를 중심으로 우리가 독일어 문자음절을 소리음절로 전환하는데 이해해야 하는 최소한의 규칙들을 적용해서 독일어 낱말을 음절구조로 파악하고, 이를 정확한 독일어 소리음절로 재생해보자. 여기에서 일반적이고 간단한 규칙에 따라서

- 같은 자/모음표시문자들 사이에 우선순위를 두고,
- 낱말과 낱말 사이에 우선순위를 두고,
- 분리-비분리 전철과 낱말어간 사이에 우선순위를 두고,
- 낱말어간과 파생어 어미 사이에 우선순위를 두고,
- 앞의 음절이 <열린음절>이 되도록 우선순위를 두고

문자음절의 경계를 구분하고, 이를 소리음절로 전환해보자. 이 과정에서 위에서 제시한 규칙들 사이의 우선순위에 대해서는 아직 생각하지 말고, 두 규칙 또는 여러 규칙이 동시에 적용되는 곳에서의 음절경계구분이 한 규칙이 적용되는 곳에서보다도 더 확실하다고 만 생각하자. 특히,

■ 앞의 음절이 〈열린음절〉이 되도록 우선순위를 둔다는 것은 :
〈모음 +자음 +모음〉표시문자가 연속으로 나타나면, 〈모음〉과 〈자음 +모음〉 표시문자 사이에서 음절을 구분한다. 자음으로 끝나는 〈닫친 음절〉과 모음으로 끝나는 〈열린 음절〉사이에서 음절경계가 형성이 되는 경우에는, 앞의 음절이 〈열린 음절〉이 되도록 구분한다. 즉, 앞 음절이 〈모음〉표시문자로 끝나도록 분절함을

■ 같은 자/모음표시문자들 사이에 우선순위를 둔다는 것은:
동일한 〈모음〉표시문자 사이와 동일한 〈자음〉표시문자 사이에서 음절을 구분함을

■ 낱말어간과 파생어 어미사이에 우선순위를 둔다는 것은:
접미어, 예를 들어 〈-bar〉, 〈-chen〉, 〈-haft〉, 〈-heit〉, 〈-lein〉, 〈-ler〉, 〈-lich〉, 〈-ling〉, 〈-los〉, 〈-nis〉, 〈-sal〉, 〈-sam〉, 〈-schaft〉, 〈-tum〉, 〈-wärts〉 등과 같은 파생어미 앞에서는 언제나 예외: 〈-ung〉 음절을 구분함을

■ 분리-비분리 전철과 낱말어간 사이에 우선순위를 둔다는 것은:
접두어 〈er-〉, 〈be-〉, 〈ge-〉, 〈ver-〉, 〈zer-〉, 〈ent-〉, 〈emp-〉, 〈miss-〉와 〈ab-〉, 〈ein-〉, 〈über-〉, 〈um-〉 등과 같은 비/분리전철 다음에서 음절을 구분함을

■ 낱말과 낱말사이에 우선순위를 둔다는 것은:
문장에서 낱말과 낱말 사이 그리고 낱말과 낱말이 합해진 부분에서 음절을 구분한다는 것을 의미한다.

위에 제시된 규칙들 외에도 물론 여러 가지 다른 규칙이 있을 수 있다. 경우에 따라 여기 제시된 규칙을 바탕으로 여기에서 제시하지 않은 다른 규칙들이 유추될 수도 있다. 즉, 여기 제시된 규칙에 의거하여 다른 여러 규칙들이 이해될 수도 있음을 함의한다. 따라서 낱말들의 의미를 낱낱이 익히면서 분석을 진행하는 것도 의미가 있겠지만, 우선은 낱말들을 읽어 내려가면서 음절특성을 파악하자. 이 과정에서 위에서 제시한 간단한 규칙을 돌이켜 보면서 아직 음절 구분이 되어있지 않은 낱말의 음절경계를 표시해보자.

규칙 1 :
〈모음 +자음 +모음〉이 연속으로 나타나면, 〈모음〉과 〈자음 +모음〉
사이에서 음절을 구분한다. 즉, 〈닫친음절〉과 〈열린음절〉이 상충하는 경우에는 앞의 음절이 〈열린음절〉이 되도록 우선을 둔다.

Abi-tur,
Ah-le,

bei-de,
be-quem,
Be-richt,
Be-ruf,
be-rühmt,
Be-such,
be-su-chen,
be-ten,
Be-ton,
Be-weis,
bie-ten,
Bo-den,
bö-se,
Brü-cke,
Bru-der,
bu-chen,
Büh-ne,
Bü-ro,
Bu-sen,

Da-me,
da-nach,
Da-tum,
De-cke,
Deu-tsche,
die-se,
di-rekt,
do-se,
drau-ßen,
dre-hen,
drei-ßig,
drin-gend,
Dro-ge,
dru-cken,
drü-cken,
Du-sche,
du-schen,

e-ben,
Ei-le,
Ei-sen,
E-cke,
Ele-ment,

fah-ren,
Fah-rer,
feh-len,
Feh-ler,
Fie-ber,
Fi-gur,
Fla-sche,
flie-gen,
flie-ßen,
flie-ßend,
Fo-to,
fort-tra-gen,
Fra-ge,
fra-gen,
Frei-tag,
freu-en,
frie-ren,
früh-er,
füh-len,
füh-ren,
Füh-rung,

Ga-bel,
Ge-bäu-de,
ge-ben,
Ge-fahr,
Ge-fühl,
ge-gen,
Ge-gend,
Ge-halt,
ge-heim,
ge-hen,
ge-nau,
ge-nau-so,
ge-nug,
Ge-päck,
ge-ra-de,
ge-samt,
Ge-schäft,
Ge-schlecht,
Ge-schmack,
Ge-setz,
Ge-sicht,
Ge-spräch,
ge-sund,
Ge-tränk,
Ge-walt,
Ge-wicht,
Ge-winn,
Ge-würz,
gla-tze,
glau-ben,
gra-tis,

ha-ben,
Ha-fen,
Ha-ken,
He-cke,
häu-fig,
he-ben,
Hei-mat,
hei-zen,
Hei-zung,
heu-te,

Hö-he,	kri-tisch,	ma-chen,
ho-len,	Kü-che,	Ma-cht,
hö-ren,		Ma-gen,
Hö-rer,	lä-cheln,	ma-ger,
Ho-se,	la-chen,	ma-len,
Hu-mor,	La-den,	Ma-ler,
hu-pen,	La-ge,	mei-nen,
	lau-fen,	Mei-nung,
Ja-cke,	Lau-ne,	mei-stens,
je-de,	le-ben,	Mei-ster,
je-doch,	Le-der,	Me-tall,
je-mand,	le-dig,	Me-ter,
je-weils,	le-gen,	Mie-te,
Ju-gend,	Leh-rer,	mie-ten,
Ju-li,	lei-den,	Mie-ter,
	lei-der,	mi-schen,
ka-putt,	lei-hen,	Mö-bel,
Kä-se,	lei-se,	Mo-de,
Ka-tze,	lei-sten,	mo-dern,
kau-fen,	Leis-tung,	mö-gen,
Ki-no,	lei-ten,	Mo-ment,
kla-gen,	Lei-ter,	Mo-nat,
Kla-vier,	Lei-tung,	Mo-ped,
kle-ben,	le-sen,	Mo-tor,
Klei-dung,	Leu-te,	mü-de,
Kli-ma,	Lie-be,	Mu-sik,
Kli-nik,	lie-ben,	
klo-pfen,	lie-gen,	Na-cken,
ko-chen,	Li-ste,	Na-gel,
Koh-le,	Li-ter,	nä-hen,
ko-misch,	lo-ben,	Na-me,
Kre-dit,	Lo-kal,	Na-se,
Kreu-zung,	lö-sen,	Na-tur,
krie-gen,	Lö-sung,	Ne-bel,
Kri-mi,	loh-nen,	ne-ben,
Kri-se,	lü-gen,	neh-men,
Kri-tik,		nie-mand,

Stra-fe,	Vi-sum,	Zei-le,
Stre-cke,	Vo-gel,	Zei-tung,
Stu-dent,		Zeu-ge,
Stu-fe,	Wa-gen,	zie-hen,
Stun-de,	wäh-len,	Zu-cker,
su-chen,	wäh-rend,	zu-erst,
	Wäh-rung,	Zu-fahrt,
Ta-rif,	wa-rum?,	Zu-fall,
Ta-sche,	Wä-sche,	zu-frie-den,
tau-send,	wa-schen,	Zu-hau-se,
Thea-ter,	wech-seln,	zu-hör-en,
The-ma,	we-cken,	Zu-hö-rer,
Ti-tel,	We-cker,	Zu-kunft,
Toi-lette,	wei-nen,	zu-letzt,
tö-ten,	we-nig,	zu-ma-chen,
Tou-rist,	wie-gen,	zu-neh-men,
tra-gen,	Wie-se,	zu-rück,
träu-men,	wie-so,	zu-schau-en,
trau-rig,	Wo-che,	Zu-schau-er,
trei-ben,	woh-nen,	Zu-stand,
tre-ten,	wo-mit,	zwei-fel,
tro-pfen,	wo-zu,	zwei-feln,
	wü-tend,	Zwi-bel,
ü-ben,		zwin-gen,
ü-ber,	zah-len,	zwi-schen
	Zei-chen,	
Va-ter,	zei-gen,	

규칙 2 :

(동일한) <모음>과 <모음>사이와 (동일한) <자음>과 <자음>사이에서 음절을 구분. 동일한 <모음>+<모음>의 경우에는 해당모음의 장음으로 간주하고 길게 발음하고, 동일한 <자음> + <자음>일 경우에는 두 <자음>사이를 분철하고 두 음절을 빠르게 붙여 발음한다.

Ha-ar,	Hal-le,	ken-nen,
Pa-ar,	Kel-ler,	Pan-ne,
Fei-er,	Rol-le,	kön-nen,
fei-ern,	sol-len,	nen-nen,
Natri-um,	Stel-le,	Son-ne,
Dau-er,	Stel-lung,	son-nig,
dau-ern,	Tel-ler,	Sonn-tag,
sau-er,	viel-leicht,	span-nend,
schau-en,	völ-lig,	Span-nung,
Schau-er,	Wol-le,	Ten-nis,
schnei-en,	wol-len,	tren-nen,
Schrei-en,		
Situ-ation,	Gum-mi,	dop-pelt,
Steu-er,	Ham-mer,	Grip-pe,
steu-ern,	Him-mel,	Grup-pe,
vertrau-en,	im-mer,	klap-pen,
	kom-men,	Lip-pe,
hof-fen,	Num-mer,	stop-pen,
Kof-fer,	sam-meln,	Sup-pe,
Löf-fel,	schwim-men,	Tep-pich,
Nef-fe,	Som-mer,	Trep-pe,
of-fen,	Stim-me,	
Pfef-fer,	stim-men,	ir-ren,
schaf-fen,	Stim-mung,	Ter-ras-se,
tref-fen,	Zim-mer,	ver-rückt,
veröf-fentlichen,		Ver-such,
	bren-nen,	Aus-sicht,
jog-gen,	brun-nen,	ab-pas-sen,
	Don-ner,	bis-schen,
bil-lig,	drin-nen,	flüs-sig,
Bril-le,	ein-nehmen,	fres-sen,
fal-len,	in-nen,	has-sen,

Kas-se,
Klas-se,
klas-sisch,
Küs-sen,
mes-sen,
Mes-ser,
pas-sen,
pas-siv,
Pres-se,
Schlüs-sel,
Ses-sel,
Tas-se,
Ter-ras-se,
ver-bes-sern,
Was-ser,
Wis-sen,

bit-ten,
But-ter,
drit-ter,
fort-tra-gen,
Ket-te,
klet-tern,
Plat-te,
ret-ten,
Schat-ten,
Toi-let-te,
Ta-blet-te,
Quit-tung,
Wet-ter,
Zet-tel,
Zi-ga-ret-te,

ant-wor-ten,
Aus-län-der,
aus-län-disch,
aus-rech-nen,

Far-be,
far-big,
Fen-ster,
Dich-ter,
Ben-zin,
brem-sen,
brin-gen,
dun-kel,
Bür-ger,
Bür-ste,
des-to,
Dok-tor,
Ein-fluss,
Ein-gang,
ein-sam,
Ein-tritt,
ein-zeln,
ein-zig,
El-tern,
En-de,
eng-lisch,
En-kel,
En-te,
ent-lang,
Er-de,
Er-folg,
Ern-te,
Fab-rik,
fin-den,
Fin-ger,
Fir-ma,
for-dern,
For-schung,
Frem-de,

Gar-ten,
gel-ten,

ges-tern,
gif-tig,
Gren-ze,
grün-den,
gül-tig,
gün-stig,
Gür-tel,

hal-be,
Hälf-te,
halt-bar,
hal-ten,
han-deln,
hän-gen,
hel-fen,
Her-kunft,
Hil-fe,
hin-dern,
hin-ten,
hin-ter,
Hin-weis,
hun-dert,
Hun-ger
hus-ten,

Im-port,
in-halt,
In-sel,

Käl-te,
käm-pfen,
Kar-te,
Kas-ten,
Kir-che,
klin-geln,
kon-kret,
Kon-takt,

Kon-to,	neb-lig,	Sams-tag,
Kon-zert,	ner-vös,	Sal-be,
Kör-per,	neun-zig,	Sän-ger,
kos-ten,	Nich-te,	Schach-tel,
Kos-tüm,	nied-rig,	Schal-ter,
kräf-tig,	nir-gends,	schen-ken,
Kran-ke,	Nor-den,	schim-pfen,
Kul-tur,	nü-tzen,	Schul-den,
Kun-de,		schul-dig,
Künst-ler,	Ob-jekt,	sech-zehn,
Kur-ve,	ob-wohl,	sech-zig,
Küs-te,	öff-nen,	sel-ten,
	ord-nen,	sen-den,
Lam-pe,	Ord-ner,	Sen-dung,
lan-den,	Ord-nung,	sen-ken,
ler-nen,	Or-gan,	sieb-zehn,
Ler-ner,	Os-ten,	sieb-zig,
les-bisch,	Os-tern,	Sil-ber,
letz-tes,	O-val,	sin-gen,
lus-tig,		sinn-los,
	Par-tei,	Sol-dat,
Mäg-de,	Part-ner,	son-dern,
Man-tel,	per-fekt,	Sor-ge,
Mar-ke,	Pflan-ze,	star-ten,
Mau-er,	Pick-nik,	Stem-pel,
mel-den,	Plas-tik,	ster-ben,
Men-ge,	Por-tion,	stür-zen,
mer-ken,	prak-tisch,	Tan-te,
Mit-glied,		tan-zen,
Mit-tag,	rech-nen,	Tech-nik,
Mit-te,	Rech-nung,	tech-nisch,
Mit-tel,	Ren-te,	teil-neh-men,
Mitt-woch,	Rent-ner,	Ter-min,
mög-lich,	Re-zept,	Toch-ter,
Mon-tag,	Rich-ter,	Trans-port,
Mor-gen,	rich-tig,	trin-ken,
Mut-ter,	Rich-tung,	trock-nen,

trotz-dem,
tur-nen,

üb-ri-gens,
Um-ge-bung,
Um-lei-tung,
um-sonst,
um-stei-gen,
um-tau-schen,
Um-welt,
um-zie-hen,
Um-zug,
un-bedingt,
un-bekannt,
un-bezahlbar,
un-gemütlich,
Un-glück,
un-gün-stig,
Un-sinn,
un-ten,
un-ter,
un-ter-hal-ten,
Un-ter-hal-tung,
Un-ter-kunft,
Un-ter-richt,
un-ter-rich-ten,
un-ter-schei-den,
Un-ter-schied,
Un-ter-schrei-ben,
Un-ter-schrift,
un-ter-stü-tzen,
un-ter-su-chen,
un-ter-wegs,
Ur-laub,
Ur-sa-cher,
Ur-teil,

Ver-hält-nis,
ver-kaufen,
Ver-käufer,
Ver-kehr,
Ver-lust,
veröffent-lichen,
Ver-samm-lung,
ver-teidigen,
Ver-teidigung,
ver-teilen,
Ver-trag,
ver-trauen,
ver-treten,
Ver-treter,
Ver-wal-tung,
ver-wandt,
ver-wech-seln,
ver-wen-den,
ver-wit-wet,
ver-zeichen,
vier-zig,
Vor-fahrt,
vor-ges-tern,
vor-her,
vor-hin,
vor-kom-men,
vor-läufig,
Vor-name,
Vor-schrift,
Vor-sicht,
vor-stel-len,
Vor-stel-lung
Vor-spei-se,
Vor-tiel,
Vor-trag,

wach-sen,
wan-dern,
Wan-de-rung,
Wan-ge,
Wär-me,
war-nen,
weg-fahren,
wen-den,
Wer-bung,
wer-fen,
Werk-statt,
wes-halb?,
wes-wegen?,
wich-tig,
will-kom-men,
win-ken,
Win-ter,
wir-ken,
Wir-kung,
Wol-ke,
Wun-de,
wun-dern,
wün-schen,
Wür-fel,
wür-feln,

zeich-nen,
Zeich-nung,
zent-ral,
(zent-ra-le)
Zent-rum,
Zit-rone,
zwan-zig

규칙 3 :

<-bar>, <-chen>, <-haft>, <-heit>, <-lein>, <-ler>, <-lich>, <-ling>, <-los>,<-nis>, <-sal>, <-sam>, <-schaft>, <-tum>, <-wärts> 등과 같은 파생어미 앞에서 음절구분.

dank-bar,	angeb-lich,	schreck-lich,
lenk-bar,	ängst-lich,	schrift-lich,
Nach-bar,	dörf-lich,	sport-lich,
unbezahl-bar,	durchschnitt-lich,	töd-lich,
wunder-bar,	ehr-lich,	verläss-lich,
	eigend-lich,	wahrschein-lich,
Bröt-chen,	freund-lich,	weib-lich,
Hähn-chen,	fröh-lich,	wesent-lich,
Mäd-chen,	grundsätz-lich,	tatsäch-lich,
Mär-chen,	glück-lich,	üb-lich,
Päck-chen,	halbjähr-lich,	zärt-lich,
Würst-chen,	häss-lich,	ungemüt-lich,
	herr-lich,	wirt-schaft-lich,
sagen-haft,	herz-lich,	
traum-haft,	hoffent-lich,	Aufmerk-sam-keit,
	höf-lich,	Mög-lich-keit,
Dunkel-heit,	jugend-lich,	Öffent-lich-keit,
Frei-heit,	künst-lich,	Wirk-lich-keit,
Gelegen-heit,	männ-lich,	Schwierig-keit,
Gesund-heit,	mög-lich,	Sehens-würdig-keit,
Gewohn-heit,	münd-lich,	Tätig-keit,
Krank-heit,	näm-lich,	
Mehr-heit,	natür-lich,	Früh-ling,
Minder-heit,	neu-lich,	Häft-ling,
Schön-heit,	nütz-lich,	Lehr-ling,
Sicher-heit,	öffent-lich,	Lieb-ling,
Trocken-heit,	persön-lich,	Prüf-ling,
Wahr-heit,	plötz-lich,	
	pünkt-lich,	stimm-los,
Fräu-lein,	rund-lich,	mittel-los,
	sach-lich,	
Sport-ler,	schäd-lich,	Kennt-nis,
Wand-ler,	schließ-lich,	Ergeb-nis,

Erlaub-nis, Verhält-nis, Verständ-nis, Zeug-nis, Schick-sal, Trüb-sal, aufmerk-sam, ein-sam, gemein-sam, grau-sam, lang-sam,	spar-sam, Freund-schaft, Gemein-schaft, Gewerk-schaft, Land-schaft, Landwirt-schaft, Mann-schaft, Schwanger-schaft, Wissen-schaft, Verwand-schaft, Wirt-schaft,	Eigen-tum, Irr-tum, Da-tum, Wachs-tum, ab-wärts, vor-wärts, rück-wärts

규칙4 :

<er->, <be->, <ge->, <ver->, <zer->, <ent->, <emp->, <miß->와 <ab->, <ein->, <über->, <um-> 등과 같은 비/분리전철 다음에서 음절구분.

er-eignen,	be-ginnen,	Ge-schwister,
er-fahren,	be-greifen,	
er-finden,	be-gründen,	ver-ab-reden,
er-geben,	be-grüßen,	Ver-ab-redung,
er-halten,	be-halten,	ver-ab-schieden,
er-höhen,	be-handeln,	ver-ändern,
er-holen,	be-haupten,	Ver-an-staltung,
er-innern,	be-hindert,	ver-antwortlich,
er-kälten,	be-kommen,	Ver-band,
er-kennen,	be-leidigen,	ver-bessern,
er-klären,	be-merken,	Ver-besserung,
er-kundigen,	be-raten,	ver-bieten,
er-lauben,	be-richten,	ver-binden,
er-leben,	be-schädigen,	Ver-bindung,
er-ledigen,	be-schäftigen,	Ver-bot,
er-nähren,	be-schrieben,	ver-brauchen,
er-öffnen,	be-sitzen,	Ver-braucher,
er-raten,	be-sorgen,	ver-brennen,
er-reichen,	be-stätigen,	ver-bringen,
er-scheinen,	be-stehen,	ver-dienen,
er-schließen,	be-stellen,	Ver-ein,
er-schrecken,	be-stimmen,	ver-fahren,
er-warten,	be-strafen,	ver-geben,
er-zählen,	be-tragen,	ver-gessen,
er-ziehen,	be-trügen,	Ver-gleich,
	be-werben,	ver-gleichen,
be-achten,	be-zahlen,	Ver-gnügen,
be-deuten,	be-ziehen,	ver-größern
be-dienen,		ver-haften,
be-eilen,	ge-brauchen,	ver-halten,
be-einflussen,	ge-fallen,	Ver-hältnis,
be-fragen,	ge-hören,	ver-heiratet,
be-gegnen,	ge-schehen,	ver-hindern,

ver-kaufen,	ver-treten,	an-schaffen,
Ver-käufer,	Ver-treter,	an-schauen,
Ver-kehr,	Ver-waltung,	an-scheinend,
ver-langen,	ver-wandt,	an-sehen,
ver-längern,	ver-zeichen,	An-sicht,
ver-lassen,	Ver-zeichung,	an-tragen,
ver-letzen,		An-trag,
Ver-letzung,	zer-reißen,	an-ziehen,
ver-lieben,	zer-stören,	an-zünden,
ver-lieren,	Zer-störung,	
ver-mieten,		ab-fahren,
Ver-mieter,	ent-decken,	ab-fliegen,
ver-mitteln,	ent-fernen,	ab-geben,
Ver-mittlung,	ent-halten,	ab-hängen,
ver-muten,	ent-lassen,	ab-hängig,
ver-passen,	ent-scheiden,	ab-heben,
ver-reisen,	ent-schlossen,	ab-holen,
ver-schlechtern,	ent-sprechen,	ab-lehnen,
ver-schieden,	ent-stehen,	ab-machen,
ver-schmutzen,	ent-täuschen,	ab-melden,
Ver-schmutzung,	ent-werfen,	ab-nehmen,
ver-schreiben,	ent-wickeln,	ab-schließen,
ver-sichern,		ab-senden,
Ver-sicherung,	emp-fangen,	ab-trocknen,
ver-späten,	emp-fehlen,	
Ver-spätung,		auf-fordern,
ver-sprechen,	Miss-trauen,	Auf-gabe,
ver-stehen,	miss-verstehen,	auf-geben,
Ver-stand,		auf-heben,
Ver-ständnis,	an-heben,	auf-hören,
ver-suchen,	an-kommen,	auf-passen,
Ver-such,	an-machen,	auf-räumen,
ver-öffentlichen,	an-melden,	auf-regen,
ver-wechseln,	An-meldung,	auf-regend,
ver-teilen,	an-nehmen,	auf-schreiben,
Ver-trag,	An-ruf,	auf-stehen,
ver-trauen,	an-rufen,	auf-wachen,

aus–füllen,	hin–setzen,	Vor–aus–setzung,
aus–geben,	hin–stellen,	vor–bereiten,
aus–gehen,	Nach–richten,	vor–fahren,
aus–ge–zeichnet,	nach–schlagen,	Vor–fahrt,
Aus–kunft,		vor–gestern,
Aus–land,	über–holen,	vor–haben,
aus–machen,	über–fahren,	Vor–hang,
Aus–nahme,	über–legen,	vor–her,
aus–packen,	über–morgen,	vor–hin,
aus–rechnen,	über–nachten,	vor–kommen,
aus–reichen,	über–nehmen,	vor–schlagen,
aus–reichen,	über–queren,	Vor–schlag,
aus–schließen,	über–raschen,	Vor–schrift,
aus–schalten,	über–reden,	Vor–sicht,
aus–sehen,	Über–schrift,	vor–stellen,
aus–steigen,	über–setzen,	Vor–stellung
aus–stellen,	Über–stunde,	Vor–speise,
aus–suchen,	Über–tragung,	Vor–urteil,
aus–ziehen,	über–weisen,	vor–ziehen,
	Über–weisung,	
ein–fallen,	über–zeugen,	weg–fahren,
ein–kaufen,	Über–zeugung,	
ein–laden,		weiter–gehen,
ein–packen,	um–leiten,	weiter–laufen,
ein–richten,	um–steigen,	weiter–lesen,
ein–schalten,	um–ziehen,	
ein–schlafen,		wider–sprechen,
ein–setzen,	unter–halten,	wider–spiegeln,
ein–steigen,	unter–nehmen,	
ein–stellen,	unter–richten,	wieder–holen,
ein–ver–standen,	unter–scheiden,	Wieder–hören!,
ein–zahlen,	unter–schreiben,	Wieder–sehen!,
ein–ziehen,	unter–suchen,	
	unter–werfen,	will–kommen,
hin–fahren,		zu–ver–lässig,
hin–kommen,	vor–aus–setzen,	zusammen–arbeiten

규칙 5:
문장의 낱말과 낱말 사이 및 낱말과 낱말이 합해진 부분에서 음절구분.

Ich-weiß-es-nicht,	Buch-stabe,	Fach-arbeiter,
Ich-bin-Thomas.	Bürger-meister,	Fahr-karte,
		Fahr-plan,
Abend-essen,	Camping-platz,	Fahr-rad,
acht-zehn,	Computer-spiel,	Familien-name,
Ansichts-karte,		Familien-stand,
Arbeit-nehmer,	da-bei,	farb-los,
Arbeits-amt,	da-für,	Feier-tag,
arbeits-los,	da-gegen,	fern-sehen,
Arbeits-mittel,	Deutsch-kenntnisse,	fest-stellen,
Arbeits-platz,	Doppel-name,	Feuer-wehr,
Arbeits-vertrag,	Doppel-zimmer,	Film-kamera,
Autom-energie,	dies-mal,	Film-studio,
Atom-kraft-werk,	dort-hin,	Flug-hafen,
aus-wärts,	drei-zehn,	Flug-zeug,
Augen-blick,		Fremd-sprache,
außer-halb,	eben-falls,	Fuß-ball,
Auto-bahn,	eben-so,	Fuß-gänger,
	Eigentums-wohnung,	Fußgänger-zone,
Bade-wanne,	Ein-druck,	
Bahn-hof,	ein-fach,	Gast-haus,
Bahn-steig,	Ein-fahrt,	Geburts-datum,
Bauern-hof,	Ein-fluss,	Geburts-ort,
Baum-wolle,	Ein-gang,	Geburts-tag,
Bau-stelle,	Ein-ladung,	Geld-hunger,
Berufs-schule,	ein-mal,	gleich-zeitig,
Betribs-rat,	Ein-tritt,	Grund-schule,
Blei-stift,	Einbahn-straße,	
Brett-spiel,	Eis-kunstlauf,	Halb-insel,
Brief-kasten,	Elektro-geschäft,	halb-jährlich,
Brief-marke,	Erd-geschoss,	Halb-pension,
Brief-träger,	Erd-teil,	Halte-stelle,
Brief-umschlag,	Ess-zimmer,	Hand-arbeit,
Buch-handlung,		Hand-ball,

Hand-tuch,	Lebens-mittel,	Lebens-mittel,
Hand-werker,	Luft-post,	Luft-post,
Haupt-straße,		
Haus-arbeit,	Mädchen-name,	Mädchen-name,
Haus-aufgabe,	Mahl-zeit,	Mahl-zeit,
Haus-frau,	manch-mal,	manch-mal,
Haus-halt,	Miet-wohnung,	Miet-wohnung,
Haus-mann,	Mineral-wasser,	Mineral-wasser,
Heim-weh,	Miss-erfolg,	Miss-erfolg,
Himmels-richtung,	Miss-trauen,	Miss-trauen,
Hoch-haus,	Miss-verständnis,	Miss-verständnis,
Hoch-schule,	Miss-verstehen,	Miss-verstehen,
Hoch-zeit,	mit-einander,	mit-einander,
	mit-nehmen,	mit-nehmen,
Kauf-haus,	Motor-rad,	Motor-rad,
Kino-karte,	Musik-stück,	Musik-stück,
Kleider-geschäft,	Mutter-sprache,	Mutter-sprache,
Koffer-raum,		
Kraft-werk,	nach-denken,	nach-denken,
Kranken-haus,	Nach-frage,	Nach-frage,
Kranken-kasse,	Nach-mittag,	Nach-mittag,
Kranken-schein,	Nach-teil,	Nach-teil,
Kranken-schwester,	Nach-tisch,	Nach-tisch,
Kranken-wagen,	Nagel-schere,	Nagel-schere,
Kredit-karte,	Nahrungs-mittel,	Nahrungs-mittel,
Kubik-meter,	Natur-schutz,	Natur-schutz,
Kugel-schreiber,	neben-an,	neben-an,
Kühl-schrank,	neben-bei,	neben-bei,
Kunst-stoff,	neun-zehn,	neun-zehn,
Kunst-werk,		
Kurs-buch,	Ober-arm,	Ober-arm,
	ober-halb,	ober-halb,
Land-karte,	Ober-körper,	Ober-körper,
Lang-laufen,	Ober-schenkel,	Ober-schenkel,
Last-wagen,	Ober-schicht,	Ober-schicht,
Lebens-gefahr,	Ohr-ring,	Ohr-ring,
Lebens-lauf,		

Park-platz,
Park-verbot,
Post-amt,
Post-bank,
Post-karte,
Post-konto,
Post-leit-zahl,
Post-schalter,
preis-wert,

Radier-gummi,
Rat-haus,
regel-mäßig,
Reihen-folge,
Reihen-haus,
Reise-büro,
Reise-pass,
Reise-vorschrift,
Rückfahr-karte,
Rück-sicht,
rück-wärts,
Ruf-nummer,
Rund-funk,

Schau-fenster,
Schau-spieler,
Schlaf-zimmer,
Schlag-zeile,
Schreib-maschine,
Schuh-macher,
sinn-los,
sinn-voll,
Ski-fahren,
Sonder-angebot,
Sozial-amt,
Sport-platz,
Sprech-stunde,
Sprich-wort,
Stadt-plan,
Stadt-rand,
Stadt-teil,
Standes-amt,
Stand-punkt,
statt-finden,
staub-saugen,
Staub-sauger,
Steck-dose,
Stereo-anlage,
Stich-wort,
Stock-werk,
Staßen-bahn,
Streich-holz,
Stunden-plan,
Super-markt,

Tank-stelle,
Tarif-vertrag,
Taschen-buch,
taub-stumm,
Taxi-fahrer,
teil-nehmen,
Teil-zeitarbeit,
Teilzeit-arbeit,
Telefon-buch,
Telefon-zelle,
Tele-gramm,
Tisch-tennis,
Ton-band,
Tonband-gerät,
Traum-job,
Trink-geld,

Über-schrift,
Über-setzung,
Über-stunde,
Über-tragung,
Über-weisung,
Über-zeugung,
Umwelt-schutz,
Unter-arm,
unter-halb,

Verkehrs-mittel,
Verkehrs-verein,
Verkehrs-zeichen,
Versicherungs-karte,
viel-leicht,
Viertel-stunde,
vier-zehn,
Volks-hochschule,
Volks-musik,
vor-gestern,
Vor-mit-tag,
Vor-name,
Vor-ort,
Vor-rat,
Vorwahl-nummer,
vor-wärts,

weiter-fahren,
weiter-gehen,
weiter-laufen,
weiter-lesen,
Welt-all,
welt-weit,
Welt-genie,
Werk-zeug,
wert-voll,
Wetter-bericht,
Wochen-ende,
wochen-lang,

wo-für?,	Wohn-zimmer,	Zebra-streifen,
wo-her?,	Wort-srt,	Zeit-schrift,
wo-hin?,	Wöter-buch,	Zeitungs-kiosk,
Wohn-block,	Wort-familie,	Zoll-frei,
Wohn-gemeinschaft,	Wort-schatz,	zurück-fahren,
Wohn-heim,		zurück-gehen,
Wohn-lage,	Zahn-arzt,	Zusammen-arbeit,
Wohn-ort,	Zahn-bürste,	Zusammen-hang
Wohn-wagen,	Zahn-pasta,	

저자

여종문

전북 군산에서 태어나 대한민국/영국/독일에서 공부하고, 독일정부의 지원을 받아 학-석사(독어학/영어학), 박사(독어학) 과정을 거쳤다. 독일의 모교인 하노버대학교 독어독문학과 강사를 거쳐 지금은 대한민국 모교인 전북대학교 인문대학 독어독문학과 교수로 일하고 있다.

〈저서〉
Deutsche Phonologie und Morphologie als Problem für Koreaner. 2005. Hamburg
Textpragmatik, Textfunktion, Textanalyse. 2003. Frankfurt a. M.

〈논문〉
Das Analysemodell für Gebrauchstexte,
Die "-er-Plurale" im Deutschen,
Zur Funktion des deutschen Verbs 'werden', etc.

독일어 화용개요 I

독일어 소리
Die Laute der deutschen Sprache

초판 1쇄 발행 _ 2012년 9월 10일

저　자 • 여 종 문
발 행 인 • 정 현 걸
발　행 • 신 아 사
인　쇄 • 예지인쇄
출판등록 • 1956년 1월 5일 (제9-52호)
주　소 • 서울특별시 은평구 녹번동 28-36번지 2F
전　화 • 02)382-6411 · 팩스 02)382-6401
홈페이지 • www.shinasa.co.kr
E-MAIL • shinasa@chol.com

ISBN 978-89-8396-776-3(93750)

정가 10,000원